自渡自愈

张国奎 ◎ 编著

民主与建设出版社
·北京·

图书在版编目（CIP）数据

自渡自愈 / 张国奎编著 . -- 北京：民主与建设出
版社，2025.1(2025.9 重印) -- ISBN 978-7-5139-4849-4

Ⅰ . B821-49

中国国家版本馆 CIP 数据核字第 2024GE2817 号

自渡自愈
ZIDU ZIYU

编　　著	张国奎	
责任编辑	刘树民	
封面设计	杨海霞	
出版发行	民主与建设出版社有限责任公司	
电　　话	（010）59417749　59419778	
社　　址	北京市朝阳区宏泰东街远洋万和南区伍号公馆 4 层	
邮　　编	100102	
印　　刷	天津善印科技有限公司	
版　　次	2025 年 1 月第 1 版	
印　　次	2025 年 9 月第 6 次印刷	
开　　本	710 毫米 ×1000 毫米　　1/16	
印　　张	8	
字　　数	50 千字	
书　　号	ISBN 978-7-5139-4849-4	
定　　价	46.80 元	

注：如有印、装质量问题，请与出版社联系。

前　言

　　一路走来，你有没有因为困难而迷茫过？有没有因为他人的声音而动摇过？有没有因为自己的不完美而感伤过？有没有因为某一次的失败而辗转反侧过？……

　　人生，有过迷茫、动摇、感伤和辗转反侧的时刻都再正常不过，它本就是一场跌宕起伏的旅程，起时便乘风而上，落时便自我修复和调整。没有人的一生是永远的低谷和下坡路，在低谷里放弃的人，是看不到光的；度过低谷的人，会脱胎换骨。

　　你要相信，自己的命运始终掌握在自己手中，这世上没有渡不过的难关。自渡、自愈者自强。

　　你要看见、认识真正的自己。你的注意力应该放在自己身上，去觉察自己的内在需求与感受，而不是让外界扰乱自我的节奏。看不清自己的人，如同在充满迷雾的大海上航行，认不清方向，也辨别不了目标，再多的努力也许只会南辕北辙。能够不断认清自己，是人生最可贵的能力之一。在与自我结识时，我们才能始终保有自己最真实的模样，才能不断地从自己的内心深处寻找到持续前行的力量。

　　你要接纳自己。接纳意味着接受、放下和纳入，是不与痛苦纠缠，是给自己的心一个保持平和的机会。生活中的那些痛苦，大多源自我们内心深处的抗拒和不接纳。试着去接纳，接纳自我、接纳别人、接纳世界，允许自我的不完美，允许自我和外界的不同，允许别人的不喜欢……谁让我们的人生都是独一无二的限量版呢，去平静地接纳所发生的一切，然后做好自己就够了。

你要喜爱自己，喜爱每一种的自己，喜爱优点也喜爱缺点。没有人是完美的人，或许正是因为人生自带瑕疵，所以才造就了我们每个人的与众不同。我们的价值从来不是被别人定义的，喜爱自己不需要达成什么前提条件，也不需要通过别人的认可来证明自己"值得被爱"。爱自己，是对真实自我的全然接纳，是坚定地用自己喜欢的方式度过一生。当你喜爱自己时，你会发现，生活是那么的令人期待和着迷。

你要学会自渡。有人说："人间万千光景，苦乐喜忧，跌宕起伏，除了自渡，其他人爱莫能助。"人生是自我行走的旅途，人与人之间的悲喜并不能完全相通，世上也很难有真正的感同身受。行至如今回头看，你会发现，自己已经走过了那么远的路，而在这条路上替你撑腰的人，是你心中打不败的自己，也只有你自己才是自己的救世主。

你要学会自愈。一个自愈能力越强的人，与幸福的距离就越接近。生活没有一帆风顺的奇迹，风雨和伤痛都是不可避免的经历，支持我们走到现在的，是自我治愈的能力。一边自愈，一边前行，那些无人问津和伤痛加身的时光总能度过，那些苦闷与迷茫的瞬间也会在某一刻终得释怀。从此，犹豫、纠结与失望不再。

世间多苦，唯有自渡。人生终究只是一个人的路，去看见自己、认识自己、接纳自己、喜爱自己。总有一天你会发现，真正治愈了自己的，不是时间、不是别人，而是你自己想开、看开，以及允许一切发生的释怀。

目　录

第三章

接纳自己：也接纳自己的"不接纳"

第四章

喜爱自己：喜爱优点也喜爱缺点

第五章

自渡：做自己的摆渡人

第六章

自愈：恢复内心的平静和力量

晨看花开，

暮看花落，

一生很短，

有什么理由不做自己喜欢的事呢?

第一章

看见自己：
关注自己的内在
需求和感受

1. 你眼中的自己不一定是真实的自己

我明明勤奋又自律，为什么有人说我是三分钟热度？我明明待人友好又热情，为什么有人说我高冷不好亲近？我明明安静内向，十级社恐，为什么有人说我是社交达人……

每当自我评价与外界反馈出现明显的差异，你是否也曾困惑，为什么你眼中的自己与周围人眼中的你之间仿佛隔着一条无法逾越的鸿沟？

在心理学上，有一个理论叫"约哈里窗口"，或许可以解释这种现象。约哈里窗口理论把人的内心世界划分为了四个区域：

开放区域，指自己了解，别人也了解的部分，一般为开放性的信息；隐秘区域，指自己知道却不愿意与他人分享的部分，比如隐私；盲目区域，指自己不知道，但别人却看得清楚的部分；未知区域，指自己和别人都不了解的部分，可能是每个人身上有待开发的信息或潜能，只有遇见新的情况时才会生成或显露出来。

约哈里窗口理论告诉我们，人对自我的认知是一个不断探索的过程，我们总是通过不断搜集外界反馈或想象别人眼中的自己，来让自我认识从盲目区域向开放区域转变，以实现完整自我的构建。所以你眼中的自己，并不一定是全部真实的自己。

社会心理学家查尔斯·霍顿·库利提出了一个"镜中我"的理论，这个理论认为，人的自我认知是在与他人的沟通交流中形成的，他人对我们的评价就像自己在镜中的那一面。

我们或许有两个自我，一个是"现实自我"，一个是"社会自我"，也就是"镜子"中的自我。有些人，别人认为他们是怎样的人，他们可能就成了那样的人。他们所谓"真实的自我"，实际上是被别人的评价左右之后，重新塑造出来的自我。

阿奎一直认为自己不是一个内向的人，可是在来到新公司后，因为不适应就与大家都保持着距离，遇到需要发表意见的事情时，也很少搭话。有一天，有同事对阿奎说："你还真是个内向的性子，一看你就不爱说话。"其他同事也纷纷赞同。

渐渐地，阿奎不再认为自己是因为不适应而产生了沉默，开始觉得自己就是一个内向的性子。接着，他开始以"内向"的性格特质来规范自己的行为，在公司也变得越发沉默起来。

我们通过别人的态度和评价形成了对自我的认知，但是"别人眼中的自己"和"自己眼中的自己"总会有一些不同，我们可以理解这种不同，接受这种不同，但是无须对这种不同照单全收。

当我们收到外界的一些反馈，并在现实的碰撞与反思中进行自我评价时，不要盲目地将外界的声音作为标签贴在自己身上，而是要在不断的探索、甄别中，整合"现实自我"与"社会自我"，让自我认知逐渐完整、清晰而客观。

有一个画师做了一个社会实验，通过听别人口述去画人像，他与进行口述的人隔着一层纱，只能听见人的声音，而见不到他们的样子。

第一批参与者准备好后，画师询问他们自己的长相特征，并进行绘画。只听参与者说"我的鼻子很小，一点也不立体""我的额头非常宽，很不好看"，参与者们纷纷吐槽自己的各种不完美。

第二批参与者来了，他们与第一批参与者互相不认识，只匆匆见了一会儿。画师让他们开始描述第一批参与者的长相特征，他们说："她的鼻子又小又可爱""她的眼睛大大的，很漂亮"。绘画过程中，画师很疑惑："怎么感觉画的是完全不同的人呢？"

结束之后，被画者看到了关于自己的两幅画，却发现竟然出现了截然不同的两幅画。有参与者忍不住说："原来我一直都低估了自己，自己没有那么差，明明也很漂亮。"

我们可以自信，但是过度关注优点就会变得傲慢；我们可以谦逊，但是过度关注缺点就会变得自卑。

那么，如何才能认识到真实的自我？

很多行为倾向是下意识的，比如，有人对冲突比较敏感，非常害怕和别人意见不一致，遇到强势的人就容易妥协。如果了解到自己是个害怕冲突的人，那么在和别人谈判前，就要设立底线，防止自己不自觉地妥协。

2. 看清自己内心的爱与怕

有人说："人类的所有想法和行为，不是出于爱，便是出于怕。人类的动机只有这两种，一切其他观念无非是这两者的派生物，只是形式有所区别而已。"

当我们仔细回忆一下过去的人生经历，不难发现，我们在面对很多人生大事的选择时，做出选择的动机，要么因为爱，要么因为怕。

小蕊工作几年后，自己买下了一套小房子，有朋友打趣她说："你还真懂投资，有眼光。"小蕊却笑笑不说话，因为她知道自己买房子的理由与懂得投资无关，而是因为害怕以后与另一半吵架时，连一个说走就走的容身之所都没有。就像她在毕业时立刻就找了工作，也不是别人夸奖的"喜欢自己的职业"，而是担心自己不找工作，导致没有收入，也没有社会地位，还会被亲戚朋友看不起。每次听到别人对她的一些夸奖，她都很想告诉他们："不，我做这些，并不像你们想的那样，有多么高尚的理由。"

我们在做出各种行为和反应时，不一定都有着某种特定的理由，很多时候，都只是源于我们自己都未曾察觉到的，内心深处的爱与怕而已。其中，"怕"的恐惧心理占了大多数。

这里说的"恐惧心理"与看一部恐怖片而产生的直白又强烈的恐惧不同，它是一种带着朦胧而模糊色彩的微妙感受。我们可能害怕暴露自己的缺点，害怕面临失败和指责，害怕走出舒适圈面对未知，有时候这种害怕连我们都难以察觉，但又确确实实影响着我们面对事物的思维判断、行为和决策。

觉察并看清自己内心的恐惧，是面对并克服恐惧的第一步。心理学家罗伯特·凯根提出了一个心理学工具，叫"心理免疫的 X 光片"，或许可以帮助我们看清自己的内心。

凯根认为，人的心理有一套免疫系统，与生理免疫系统类似，会排斥我们运用新的行为模式。当我们运用了新的行为模式时，就会感到焦虑，因此为保持我们内心的稳定和安宁，我们通常很难做出改变。

"心理免疫的 X 光片"能像 X 光片一样，把我们的内心清晰地映照出来，帮助你看见自己内心的爱与怕是什么。它用一张四栏表将问题分为了四个部分：我们希望达成的目标；我们正在做的与目标相反的行为；这些与目标相反的行为所带来的好处；潜藏内心的重大假设，也就是我们做出与目标相反的行为的背后原因。下面有一个事例：

小艾在工作中经常附和别人的想法，尽管她并不一定认同。她也不敢在公共场合大声地表达自己的想法，因此她很想有所改变。

她希望达成的目标是，变成一个能够勇敢表达自我的人。她与目标相反的行为是，经常附和别人，不表达自己。这种行为带来的好处是，可以避免与他人产生冲突，也可以避免自己的想法出现错误，从而引发他人的嘲笑。产生这种行为的原因是，小艾的心理免疫系统根据以往的生活经验，让她下意识做出了这种假设："如果我表达了不同的想法，就会引起冲突或引发他人嘲笑。"

逃避与人交往，不敢说出真实的想法，不能拒绝不合理的要求等种种不愿进行的行为背后，都潜藏着你内心深处的爱与怕，是它们让你的行为与自己的理性背道而驰，阻拦着你去实现内心真正的渴望。

实际上，这一切也许只是你在给自己的内心设限，从而出现了持续的精神内耗。如果你能够直面自己的内心深处，进行深入的自省和积极的自我对话，你就可以克服恐惧、激发勇气，并为自己迎来全新的改变。

当你能够清晰地看到自己的内心做了什么样的假设时，你就开始了克服恐惧、改变自己的第一步。用理性的目光去客观地审视一下自己的内心，你就会发现，你本没有任何的问题，也根本不用恐惧什么。

有心理学家说："只有看清自己内心深处的人，他的视野才会清晰。向外面看的人，一直活在梦中；而向里看的人，才是清醒的。"

我们的内心，有着做出每一个决定的基础和参考。我们最应该做的不是揣摩别人，而是探究自己，认清自己所爱，也直面自己所怕，活出自己喜欢的活法。

3. 坦然接受多面的自己

有时害羞扭捏，有时又自信坚定；有时沉默寡言，有时又非常健谈；有时伤感无奈，有时又开朗洒脱；有时胆小懦弱，有时又坚强勇敢。你是不是常常感到困惑，究竟哪个才是真正的自己？

一个人就像一个多面体，每一面都折射出不同的光。在电影《这个杀手不太冷》里，男主角莱昂是个冷血和残忍的杀手，却对邻居女孩马蒂尔达展现出无与伦比的温柔和关怀。

生活中的我们也是多面的。比如，我们一直以为自己是个善良的人，有些时候却会生出一些阴暗的想法。

小梓有一个特别好的朋友，朋友拿到了一个很好的 offer，并向小梓分享自己的喜悦。小梓一面觉得自己应该为朋友开心，要祝贺她，一面又控制不住地在心里拿自己和她比较，然后嫉妒她，嫉妒的时候又害怕被对方发现。小梓看清了自己自私、黑暗的一面，觉得自己很糟糕，整个人深陷内疚和焦虑之中。

在我们的认知里，嫉妒总是与自私、小气等负面词汇相联系，与贪婪、懒惰、傲慢等一样，都是人性的阴暗面，所以当我们察觉到自己产生了这种情绪时，从内心深处就不愿意承认，更会从良知上极力抗拒它。但这并不能消除我们内心的嫉妒，也不会减少嫉妒所带来的负面影响。因为即使你将语言控制好了，你的内心想法还是会从眼神中泄露出来。

人本就是复杂的个体，《我有弱点，可我并不软弱》中说："我对自己以及对其他人的看法是很复杂的。我们由很多因素构成，有时是很矛盾的因素。"人性是多面的，有善良、友好的积极一面，自然也存在嫉妒、自私等阴暗面。尽管令人不喜，但当你察觉到自己身上存在阴暗面时，不必感到恐惧，更不用极力地排斥、否定它们，因为人本身就是各种矛盾特质的统一体。光与爱会受到追捧，但黑暗也总是客观存在的，你不能用非此即彼、非黑即白来定义自己，善与恶、宽容与计较、勤奋与懒惰，都是真实的你。

如果你强硬地将某种标签束缚在自己身上，那就如同将自己的灵魂关在了一个僵化固定的壳子里，只能活得僵硬又不自在。

有心理学家说："一个人只有能够接受自己，才能接受别人。"我们的心里住着很多个"我"，让积极的"我"与阴暗的"我"握手言和，你才能发现并认识完整的自我。

在人性这个复杂的舞台上，善良与自私并存，我们无法避免心存恶念或负面的情绪，我们唯一能做的就是唤醒善良的一面，让善良变强，让自私变弱。

在电影《追风筝的人》里，小时候的阿米尔和哈桑是亲密的伙伴。当地有一个流行的风筝比赛，阿米尔是比赛的冠军，哈桑是帮助他追风等的人。可是，哈桑在一次捡风筝回来的路上被坏男孩拦住，他为了保护阿米尔的风筝不被抢走而遭到了欺辱。

阿米尔目睹了这一切，却因为懦弱而逃跑了。后来，他甚至还因为嫉妒哈桑经常得到父亲的夸赞而污蔑哈桑偷窃，最终导致哈桑含冤受辱，被迫离开。在这之后，阿米尔一直感到愧疚，但他始终没有勇气说出真相。

在他们长大之后，当地爆发了战争，阿米尔跟随父亲到了美国。已经过上了安宁生活的阿米尔在知道哈桑已经故去，而他的儿子需要被拯救时，跨越重重阻碍，几经辗转，重新踏入了战火纷飞的故乡。为了救出哈桑的儿子，阿米尔被打得头破血流、遍体鳞伤。

故事的最后，阿米尔带着哈桑的儿子回到了美国，生活在了一起。

任何人身上都有多面的人性，我们也都像阿米尔一样，存在逃避、嫉妒、自私的一面，这是人性不可避免的一部分。懦弱如阿米尔，同样拥有善良、无畏的一面。光明与黑暗在人性中并存，关键在于，我们如何选择。每一个选择善的瞬间，都是对恶的胜利。

我们无法做到面面俱到，那就坦然接受自己的每一面，无须刻意去摒弃什么，只要让人性中的善念在与恶念的交锋中获胜，并维持一种动态的平衡即可。

在不断的自省与超越中，善意会唤起更多的善意，善良也将遇见更多的善良。让善良成为我们与他人联系的桥梁，如此，哪怕前行之路跌跌撞撞，但心中始终温暖而有力量。

4. 所有的放不下，其实都是不甘心

你心中有没有一段放不下的感情？脑海中有没有一个试图忘掉，却越发清晰的人影？

有一种感情很折磨人，你越是想忘记，就记得越发清晰；越是想放弃，就越是心悸不已。于是，我们用深爱来解释这段忘不掉也走不出的感情。以为深爱能为自己的念念不忘开脱；以为深爱能作为自己难以释怀的盾牌。

可是，很多时候，你的难忘、你的放不下，与深爱无关，只是因为不甘。

阿磊喜欢了一个女生三年，他用尽各种方法追求，但都没有成功。这期间，女生狠心拒绝了他好多次，说他们之间没有可能，让他不要再苦苦纠缠了。但是阿磊还是不愿意放弃，仍然抱着一丝希望继续追求对方。

阿磊的朋友和他说："你竟然追求她这么久还不放弃？"阿磊说："我怕我现在放弃了，之前三年的努力全白费了。"

心理学上有一个有名的"沉没成本效应",它指的是为了避免损失,在现在的决策过程中,人总会不断地受到过去已经投资且无法收回的成本的影响。

过去投入的成本已经无法收回,如果不能获得相应的回报,就会感到不甘心。所以,很多人在面临"沉没成本"问题时,倾向于继续投入更多的资源,渴望能够以此收回过去的投资。

在感情中也是如此,一个人对另一个人有所付出,一定是期待这段感情能够有个美满的结果,至少希望结局能够对得起自己的付出。于是,当这个人在感情中为爱付出自己的一切,最终却被分手、被辜负时,总是心有不甘,不甘心自己所有的付出都成了竹篮打水一场空。在感情中投入沉没成本越多的人,也就越不容易从这段感情中走出来。

两个人在一起的理由往往是简单的相爱,爱让对方在自己眼里的样子无限接近于完美,对方的一举一动都是令人心动的美好。可是,相处日久后你就会发现,曾经那个无比喜欢、无比向往的人,并没有那么完美。

人有一种好胜的心态,所以在面临自己感情的失败时,才会不甘心,不甘心自己看错了人,不甘心以自己的魅力没能留住想留住的人。就像电视剧《欢乐颂》中的邱莹莹,明明已经通过朋友的证明知道了自己喜欢的人是不好的,可是在分手之后,却宁可将自己感情的失败归咎于朋友的插手,也不愿意承认自己遇人不淑。

我们放不下且百般留恋的,与其说是那段充满摩擦和千疮百孔的感情,不如说是最初爱上那个人的一眼心动,是拼尽全力却没能走到最后的不甘,是对美好时光逝去就不再的遗憾,是炙热的感情被浪费的耿耿于怀。

一切的放不下，都源于我们对结局的不甘心，源于执念作祟而已。让赌徒万劫不复的并不是输掉的事实，而是"下一次一定能赢"的念想；让你痛苦的不是双方分开的结果，而是你对这段感情还抱有不切实际的期待。因为改变这种不甘心很难，所以人们才喜欢用深爱的理由来搪塞自己。

有时候，我们很难不去用"缘分"来解释人与人之间的感情，而有些人就是有缘无分。就像有句话说的那样："上天不给我的，无论我十指怎样紧扣，仍然走漏；给我的，无论过去我怎么失手，都会拥有。"

缘起时相爱，缘尽时分开，大概就是一段感情最好的样子。如果遇见了最终不属于我们的人，最好的结果大概也只有承认彼此有缘无分，然后在分开时互道一声感谢、一句珍重，挥挥手连再见都不必说得那么清楚。毕竟相遇就已经是一件幸运的事了，因为不甘心而迟迟不放手，只能让双方苦苦挣扎于过去而已。

电影《爱在日落黄昏时》中有句台词："回忆本来是非常美好的，只要你能让过去的都过去。"

过往的甜蜜被冷漠取代，曾经的海誓山盟败给了现实的临门一脚，此间种种会让人痛，但是没关系，时间不会永远让你痛。我们可以偶尔回头看看，但千万别妄想回头走，你可以对美好有所怀念，但不能被怀念的事物束缚而无法向前。

不用反复回忆、深究对错，更不用耿耿于怀。结束时就该抽身，抽身后就该清醒地向前。在遇到下一个人之前，先努力变成更好的自己，那些或美好或破碎的过去就让它们尘封在往事里。

觉察自己，

看见自己，

生命才会豁然开朗。

5. 认可自己，不需要外界认同

买到一件很喜欢的裙子，自己正沾沾自喜，却因为朋友的一句"这个裙子款式已经过时了"或者"这个颜色不适合你"，而将裙子放进了衣柜里吃灰；兴致勃勃地想要学习烹饪，好让自己平时吃些健康的饭菜，却因朋友一句"直接点外卖不就好了，学它有什么用"而放弃了念头……

我们关心、在乎外界对自己的看法并渴望获得他人的赞赏是十分正常的事情，外界的认同能够提升自我价值感，并让我们获得想要的归属感。但是，过度追求和依赖外界的认同却是十分危险的事情，那会让我们为了迎合他人而不断地放弃自我边界，从而在不知不觉间失去自我。

《人间失格》里的主人公叶藏敏感而脆弱，从很小的时候就感受到了自己的与众不同，但他却非常想要融入"正常人"的圈子，内心极度渴望被人理解、被人认同。因此，他常常做出很多与本性相悖的举动。

有一次，在东京工作的父亲，在临行前让孩子们把想要的礼物都记在本子上。问到叶藏想要什么时，明明只是书和狮子玩具二选一的选择，叶藏却说不出口。因为他心里想要书，但却察觉到父亲更希望自己选择狮子玩具的意图。父亲看着叶藏迟迟不语，生气地合上了笔记本。叶藏觉得自己非常失败，因为他没能让父亲高兴。晚上，他潜入客厅，偷偷在本子上写下了"狮子"，父亲果然很高兴。

为了让自己获得别人的认可，叶藏将自己伪装成了一个给身边每个人都带去欢乐的乐天派。他甚至为了博得他人一笑，在夏天穿着厚厚的衣服在走廊里走来走去，配合着音乐旋律跳印第安舞。对他人毫无底线的妥协，最终也让叶藏逐步"失去了做人的资格"。

心理学家说："人这一辈子都在追求两样东西：归属感和价值感。"

我们对归属感和价值感的需求几乎是与生俱来的，它们之间有着紧密的关联。当我们的归属感没有得到满足时，价值感也会下降；当我们的价值感受挫时，归属感也会有所动摇。

这二者的来源主要有两种途径，一种来源于外界认同，即"他人认同"，通过他人的评价来决定自我的价值。这种来源如同玩具上发条，没多久就会停止运行。当一个人不能从他人那里获得更多的爱与认同时，他的自我价值感就会飞快降低。另一种是自己的价值由自己来决定，即"自我认同"。

"自我认同"是一个心理学概念，指一个人知道自己是谁，并且对他所认知的自己拥有一种持续且稳定的认同感。简言之，就是自己对自己的认可。

一个自我认同感高的人，会更加明确自己的原则、更了解自己想要的是什么，也更坚定自己的选择。自我认同感越高，越不需要通过外界的认同来证明自己。

自我认同感低的人，实际上是"内在小孩"受伤了。"内在小孩"是心理学上的一个概念，它象征着一个人内心深处的情感状态、与童年相关的记忆和经历，以及潜意识中的自我认知。只有疗愈了"内在小孩"，才能真正戒断一个人对外界认同的渴求。

我们可以经常与自己进行对话，询问一下自己真正想要的是什么？什么样的情况会令自己开心或难过？为什么自己需要别人认可？通过不断地自我提问，去深挖一下潜意识里的自己，也搜寻一下平时未曾想过的答案。

如果你的自我否定来源于假设，比如："我这么做被他们讨厌怎么办？"这时你可以追问自己一句："他们讨厌又如何？""他们这么做的时候，有怕自己讨厌吗？"

每次担忧时，都在心中多问一步，将主动权紧握在自己手里，你的自信心自然就会增长了，自我认同感也会随之提高。

任何时候都不要看轻自己，每个人都有自身的优势和长处。如果你的闪光点还没有被看到，只能说明它藏得太深，也太有价值。压轴出场的总是更引人注目，你就该是如此。

认可自己，不是骄傲自满的孤芳自赏，也不是畏首畏尾的故步自封，而是发现自己的与众不同，相信并尝试着将自己的与众不同化作优势发挥出去。

有句话这样说："我们曾如此期盼外界的认可，到最后才知道，世界是自己的，与他人毫无关系。"

在这个世界上，能够永远给你最大支持的人，一定是你自己。最好的认可，是自给自足式的。

不妨在忙碌之余

静下心来

问问自己：

我是谁？我真正想要什么？

6. 置顶自己的感受，不让他人控制自己的"情绪开关"

给朋友发了信息，他却迟迟不回复，于是忍不住反复琢磨："他是不是对我不满？我是不是说错了什么话？"越想越不安，甚至一度影响到日常生活；身边有朋友向自己抱怨生活，听得多了，自己心中也变得气愤、烦闷……

有时候，我们之所以感到生活很累，并不是因为生活本身，而是因为我们太过在乎别人的感受，从而让自己的情绪总是被别人的言行左右。别人不经意的一句话或某个小小的举动，都能在我们的内心掀起一场暴风。

小晴有一个非常要好的朋友，她们之间的共同话题很多，经常在线上有来有回地聊天。在朋友面前，小晴觉得好像自己所有的想法都能被理解和接纳，每次和朋友聊天时她都感到喜悦和温暖。

前段时间，小晴兴致勃勃地给朋友发了消息，等着对方回复，可是迟迟没有收到回复，却在别处看到了朋友发的动态。小晴原本满怀期待的心情变得受伤失落，更是忍不住地怀疑："她是不是不在乎我的感受？""我在她心中是不是并不重要？"

后来，朋友看出了小晴的情绪不太对，得知前因后主动和她解释说："我看到消息了，但是当时很忙，想着一会儿回复，结果又有电话打进来，后来就忘了。真的不是故意不回你，更不代表我不在乎你。"听了她的解释，小晴的心情又明朗起来。

我们总说："做自己情绪的主人。"可有些人在与人相处时，常常被别人的言行举止牵动内心，情绪于自己似乎成了漂泊的浮萍，想控制又不能控制。他们常常对某些人或事反应过度，在考量它们时仅凭想象就胡乱猜测，因而出现情绪或好或坏的波动；能轻而易举地感知到对方喜怒哀乐的信号，如同一个敏锐的"情绪探测器"，哪怕想要视而不见都做不到，然后被对方的情绪所牵动，悲喜不由己。

敏感并不是坏事，敏感的人有着极强的洞察力，即便不刻意感知，也能迅速捕捉到他人的情绪，且自带良好的共情能力，让他们能够更好地分享到别人的快乐。敏感带给了人更深刻的感受爱憎、体会细枝末节的能力，这是一种温柔的天赋。

但是过度的敏感、过分的共情，会成为一种自我消耗。

小满看过一个视频报道，一个小男孩在战争后的废墟上，一直盯着一个前来采访的记者看，记者问他为什么总是盯着自己，小男孩说："你长得好像我爸爸。"记者问他："你爸爸呢？"小男孩说："不在了。"

在这满目疮痍的地方，记者抱住了男孩，小满也在屏幕前泣不成声。朋友看到她的样子以为她身上发生了大事，知道原因后，朋友拿走了她的手机，让她不要再看了。

有时候，听着朋友们倾诉痛苦，小满的眼泪能比她们先掉下来；看到某个感人的电影情节，小满也会跟着难受不已，甚至一整天都沉浸在悲伤里。

这种感受力超强，对周围人的遭遇极易感同身受的人群，在心理学上被称为"共感人"。

共感人很容易因为自身高度的代入感导致自己的情绪被反复侵入，让自己疲惫不堪。我们可以适当共情他人，但是也要注意人与人之间张弛有度的相处节奏。我们可以利用"间歇性冷漠"来适当放松自我情绪，暂时远离情感的旋涡。

"间歇性冷漠"是一种心理现象，它通常会在我们对他人过度共情后出现，为了保护我们自己，而表现出一种"冷漠"的状态。比如，朋友和你倾诉心声时，某一刻突然就不想再听，且深感烦躁；家人和你聊家长里短，在一开始的附和之后，你突然疲于应付，不想理人。这些都是"间歇性冷漠"的表现，有心理学家说："间歇性冷漠是我们内心的一种防御机制，它的出现是提醒我们该把关心的对象转回到自己身上来了。"

你不必被自己偶尔出现的冷漠态度吓到，更不用感到自责，它只是提醒我们，该给自己的情绪休息的空间了。

我们可以将关注点多放在自己身上，用自己敏感的天赋去感知自己的每一处变化，让自己的变化成为情绪的来源，而不是将自己情绪的好坏寄托在他人身上。

7. 能独立，敢依赖，才是真正的独立

不喜欢欠人情，几乎从不找朋友帮忙；像搬家这种比较费力的活儿，朋友主动相助却婉言谢绝；习惯性把心事都憋在心里，自己消化情绪……这是你认为的独立的样子吗？

在很多人心里，独立与依赖是两种截然相反的状态，只要自己尽可能地不去接受他人的帮助和照顾，只要自己任何时候都不去依赖别人，似乎就是独立了。

然而，这种想法只是一种对独立的误解，它会将我们带入"假性独立"的误区。

卉卉在所有人眼里都是一个不会为感情所困的独立女性。她与男朋友交往的那些年，家中的事几乎都是她自己解决的，连想买房子了，也是在交了定金之后才告诉男友。后来，两个人分手，她也显得非常干脆果断，没有表现出任何舍不得和留恋的情绪，依旧全身心地投入工作。

可是，在如此平静的表面下，她却告诉我："其实，从最开始我就觉得，没有人会一直和我在一起，总有一天我们会分手的，所以我也一

直有做好准备。后来，我感觉到他对我越来越冷漠，与其等着他抛弃我，不如我先说分手，这样至少看起来我没那么在乎他，一个人也可以活得很好。"她边说边抽泣着。

渴望依赖却伪装强大，习惯性地拒绝他人帮助；不愿意在他人面前显露和承认自己的脆弱和无助，会对此感到羞耻和尴尬；无法信任他人，认为这个世界上唯有靠自己。这些都是假性独立的表现，在心理学上也被称为"依赖无能"。

有心理学家指出："依赖无能者对于依靠别人这件事是心怀恐惧的。他们乍看之下可能是强大、自信，甚至是很成功的，但在内心，他们其实脆弱不安，虽然害怕，却又隐隐渴望着亲密。"

假性独立实际上是一种自我防御机制，它背后隐藏着的是脆弱和恐惧。他们恐惧伤害、拒绝、分离和背叛这样难以接受的事情发生，所以从一开始就提前做好防范准备，干脆谁都不依赖，遏制亲密的需求和可能性，用一系列的行为证明"我很独立，我谁都不需要"。

心理学上的依恋理论指出："人类本能就有依赖他人的需要，而根源就是刚出生的孩子跟父母的关系。"依赖他人、恐惧抛弃，是我们的本能。

如果父母在我们最需要被照顾的幼年时期没有给予足够的回应，那么我们可能就会觉得他人是无法依赖和信任的，就会形成各种不同的防御机制来应对外界的不确定性和不安全感。所以，假性独立背后的恐惧和不安可能源于我们幼儿时期的影响。

真正独立的人，内心是自信且松弛的，他们的内在力量强大，不会惧怕与人建立亲密关系，可以很自然地寻求并接受他人的帮助，也能够坦然地在他人面前展露自己的缺点和脆弱。

《没有人是一座孤岛》中写道："没有谁是一座孤岛，在大海里独踞；每个人都像一块小小的泥土，连接成整个陆地。"

不要让自己活成一座孤岛，与假性独立告别，我们要敢于直面自己的依赖，敢于直面自己内心真实的想法。每个人都会有脆弱的时刻，当你感到被生活沉重的压力压得喘不过气时，可以向亲人、朋友寻求帮助。有时候，依赖并不意味着软弱，恰恰相反，它证明了你拥有面对不足的勇气。

试着在困难时将"我没事，我自己可以"换成"我需要帮忙"。依赖无罪，更不羞耻，有需求就大胆说出来。也许你不愿依赖他人并不是不相信他们，而是受到了幼时经历的影响，恐惧那种不被回应的痛苦。但是，现在已经不是小时候了，当你想要再次逃避时，不妨从回忆里退出来，想想现在在你身边的人，或许你会发现，身边的人是愿意被你依赖的，也是值得你信任的。

依赖与独立从不是相互对立的两面。真正的独立，是敢于独立，不惧依赖，接受软弱，也不怕亏欠，是一种"依赖的自由"。

第二章

认识自己：
找到真正的自己

1. 除了你自己，谁也不能定义你

"你理科不行""你太内向了""你脾气不好""你不适合在这里工作"……你有没有被别人如此确定的评价过，然后不禁对自己产生怀疑："我真的是这样的吗？"

这些评价就像一个个标签被贴在了我们身上，也许一开始我们还有信心反驳，但久而久之，这些"标签"似乎成了我们发展方向的预示，被说内向后会越发内向，被说有趣后就有意识地做活跃气氛的人。我们不免生出一种荒唐的想法：我们自己是被他人贴上的标签雕刻、塑造后的结果。

沫沫很喜欢唱歌，也非常有天赋。但是有一次，她爸爸因为心情不好，听到她唱歌，直接就骂了她一句："你别唱了，也太难听了。"之后，沫沫每次想唱歌时都会想起这句话，这让她对唱歌越发没有信心，于是再也没有唱过歌。

我们之所以容易被他人口中的"自己"影响自己的判断和行为，从心理学上来说，与"标签效应"有关。

"标签效应"指的是，当一个人被贴上标签时，他就会做自我印象管理，使自己的行为与所贴标签的内容一致。所以，有些人在面对他人给自己贴上的标签时，会出现怀疑、妥协，甚至自暴自弃的状态。

任何人都可以给我们贴上他们定义的标签，这是他们的自由，就像我们也会给别人贴标签一样。但是要知道，人具有多面性，别人给你贴的标签不过是对你的部分认知而已，并不能代表全部的你，只有你自己才能代表真实的自己。

电影《丑女也有春天》中有句台词说："不管你被贴上什么标签，只有你才能定义你自己。"我们不需要成长为别人眼中的样子，我们是谁，我们是怎样的人，只有我们自己才是唯一可以确定的人。

不要在意别人怎么看你，重要的是，你要看清你自己。《道德经》中说："知人者智，自知者明。"意为，能够了解别人的人是有智慧的，而能够了解自己的人才是真正高明的。

你可以诚实地审视自己，但不要过于苛刻。你要相信自己的判断和决定，相信自己的内在能力，相信无论是哪一方面都是独一无二、不可取代的你自己。不用和别人比较什么，你们拥有不同的背景和经历，对各自的人生亦有自己独有的期望，互相的比较既不公平，也没有必要。

你只需坚定地做自己就好，如此才能打破别人对你人生的定义。

古雅典著名的雄辩家德摩斯梯尼，年轻时因为口吃、耸肩等问题，在登台演讲时，好几次都被人轰下台。人们都说他没有半点演说家的天赋，是一个看不清自己的傻子。可是德摩斯梯尼没有就此放弃，为了克服自己的弱点，他每天口含石子，对着大海朗诵，甚至还会一边登山，一边吟诗。后来，经过长久的努力，德摩斯梯尼终于成为古雅典最出色的雄辩家之一。

外界给德摩斯梯尼贴满了"不行"的标签，可是他没有被任何人、任何事困住，依然满怀对演说的热情和对自己的信心。这样的坚定让他的人生挣脱了口吃的束缚，拥有了更多的可能性。

在《永不止步》中有一句话："你可能受过事业、感情或健康方面的挑战，也许你曾经被虐待、被辱骂或者被歧视。如果你不能采取行动来自我定义，那么发生在你身上的这一切就会定义你这个人或者你的人生。"

无论听见外界怎样的声音，我们都应该做自己人生的主人，夺回生命的主动权。能不能行是我们自己说了算，只要我们相信自己可以，那成功便有了极大的可能性。

在心理学上有一个概念，叫作"皮格马利翁效应"，也被称作"自我实现预言"。它指的是，积极的期望会成为一种动力，促使事情按照我们所期望的方向发展。简单来说就是，人的期望是一种强大的力量，你期望什么，就能得到什么，你相信什么，就能创造什么。所以，你要走出别人给你设定的思维定式，不要活在别人的看法和评价里。不管别人用什么样的词汇定义你，只要你坚定地知道真实的自己是什么样子的，就不怕在人云亦云中失去自我。

撕掉外界的标签，成功之路没有天花板。只要自我的信念坚定，你将成为任何你想成为的人，而不是世俗定义的谁。

生命最好的样子，

不是被别人认可和喜欢，

而是懂得自我欣赏。

2. 你眼中的别人才是真的你

真正的我究竟是什么样的？是我眼中的自己，还是他人眼中的我？有不少人经常发出这样的疑问，《悉达多》中的一句话可以回答这个问题："别人眼中的你，不是真的你。你眼中的自己，也不是真的你。你眼中的别人，才是真正的你。"

我们对他人的看法在很大程度上都是基于我们自己形成的观念，当我们站在自己的角度去审视他人时，审视的结果，也泄露了真实的自己。

小舟在感情中看重物质，看到别人谈了一个物质条件不错的男朋友，却因为吵架要分手时，她总会下意识地说："分手？是因为他没给女朋友花够钱吗？"

阿牧在职场中喜欢通过手段掠夺他人资源，在与人交流时，总会说："这是哪来的，怎么获得的？"他下意识地认为，别人的成功都是因为从其他地方抢夺来了资源，这正是他自己的习惯。

有心理学家说："我们所看到的外在世界的每件事，都是我们内心的反映。"我们怎么看待这个世界，代表我们对这个世界的理解和预期是什么样的。心，就好像是投影源，外在世界是投影，你的心决定你看见的。

在心理学上有一个"投射效应"，它指的是一个人在判断另一个人的时候，总会不自觉地将自己内心的内容投射到他人身上，并在此基础上去认识这个人。

关于"投射效应"曾有这样一个实验：测试者询问了 80 名大学生，问他们是否愿意背着一块大牌子在校园里活动。最终，有 48 名学生表示愿意，而且他们认为其他学生也会很乐意去做这件事。可是表示不愿意这么做的学生则认为，大多数人也会像自己一样，拒绝背着牌子走路这样丢脸的事情。

参与实验的每个人都将自己的想法放在了他人身上，认为别人会和自己有一样的选择。生活中也是一样，每个人看待世界的眼光，实际上是自己内心的镜像。我们在观察和评价别人时，所运用的思维模式、价值标准等，不可避免地受到自我内心的影响，它们反映的正是我们自己的人格特质。

我们看待别人时带上了个人的主观色彩，所以我们眼中的别人就已经不再是客观的别人了，同样的，别人眼中的我们也会带有别人的主观判断，所以别人眼中的我们也并非客观的我们。

在遇见外界的谩骂、质疑时，不用着急解释，更不要自我否定，别人眼中的你只是他们内心投射出来的自己，与你本身并没有关键的联系。正如三毛所说的那样："你对我的百般注解，并不构成万分之一的我，却是一览无余的你。"

投射效应的存在对我们是一种警示，告诉我们要通过审视自己的情感、特性与行为动机等，更为准确地理解我们自身，从而避免对他人产生不必要的误解。

投射效应往往会在两种情况下发生。一种是对方与自己的年龄、职业、身份等情况都相同时，面对与自己有着共同特征的群体，人们很容易想当然地将自己的特征投射到他人身上，并以此认识和评价他人，而不是根据自己对他人的客观观察和了解做判断；另一种是自身有某个令自己难以接受的缺点时，为了寻求内心的安慰，便会下意识地将这个缺点投射到他人身上，认为他人同样拥有这样的缺点，以此来缓解自己哪里"不好"的焦虑，让自己安心。

心理学家波尔斯说："我们以为自己活在一个四周都是玻璃的房子里，看到的就是全世界，其实我们活在一个四周都是镜子的房子里，我们所看到的都是自己。"

你的目光所及，没有别人，皆是你自己。如果你想认识最真实的自己，那么请你仔细观察一下生活中的自己吧，看看自己总是习惯性地用什么语言去评价别人、用什么角度去看待别人、总能看到别人身上什么样的特点。

你观察、思考出来的答案，就构成了真实的你自己。

3. 你比想象中的自己更优秀

　　我一直觉得自己胆子很小，开车上路这件事之前更是想都不敢想，考驾照也是被朋友拉着一起进行的。我对拿下驾照不抱什么希望，也不敢想象以后一个人在路上开车的样子，于是就没有去网上看过相关的帖子，只是按部就班地跟着教练练车、考试。

　　结果考试时一路绿灯，拿到驾照非常顺利，在我感叹"拿到驾照也挺容易"的时候，朋友的考试却毙掉了两三次，怎么也通不过。这时，我才从朋友那里知道，原来有那么多人的考试甚至卡在科目一、科目二，离拿到驾照那一天更是遥遥无期。

　　朋友一开始夸赞我"厉害"，我还有些不好意思，只觉得是朋友运气不好才没能顺利通过而已。现在，我才恍然发觉，其实自己真的挺厉害的。不是吗？每次考试都一遍通过。既然是自己实实在在做到的，那么接受夸赞也没有必要不好意思。而且，自己开车上路早已不是一件停留在想象中的事情了，或许不只是开车技术，连我的胆子都比自己想象中的大得多。

　　我们总是很容易低估自己的方方面面，哪怕受到了多方面的认可，

33

仍然深陷于"我只是搭了一个草台班子"的自我怀疑中,充满了"不配得感";甚至想要告诉每一个人,"其实我没有你想的那么好。"

不管自己在别人眼中有多么优秀,受到了别人的多少称赞,自己总觉得还是不够好,不值得眼前得到的一切,好像自己是冒名顶替了别人的成就,而时刻处于自己会被拆穿的担忧之中,这种心理现象非常普遍,在心理学上被称为"冒名顶替综合征",也叫"自我能力否定倾向"。但它并不是一种病症,而且可能在每一个人身上出现。

在冒名顶替综合征的影响下,人们可能会持续处于自我怀疑的状态之中,不断否定自己。哪怕外界给予了自己积极的评价,仍然会怀疑该评价的可信度,认为那只是一种谦虚和客套。而且,有冒名顶替综合征的人,往往会将取得成就的原因归于环境或运气,而不是自身的努力。

对于有冒名顶替综合征的人来说,成功的喜悦转瞬即逝,之后并不会给自己带来信心的增强,反而会加重自我怀疑。

总认为自己不够好的人,在他人眼中,也许远比他想象中的自己要优秀太多。

阿昊刚来公司不久,领导就委派他参与一个新项目。在项目刚开始的时候,阿昊每天的心情都非常紧绷,怕自己的能力不能胜任工作,导致项目完成得不好而被责难。但是在安排好项目要进行的每一步,并且和同事一起工作了一段时间之后,他的心态反而变得放松了。他发现每一步都是可以完成的,项目的落实并没有他想象的那么难。最后,项目圆满完成,阿昊也得到了同事的认可和夸奖。

我们身上的那些"不配得感"可能是源于曾经有那么一段时光，在我们做出某些成就时，没能换来称赞和鼓励，反倒受到了贬低和否定。于是，自己的内心便开始不再信任自己的能力和价值。

可是，你要知道，别人的负面评价并不一定都是你带来的。他们的评价有时候更多的是在反映他们的偏见和情绪，而与客观事实和真实的你无关。不要陷入自我无价值、能力不足的怪圈之中，它们很多时候都只是你的想象而已。

真实的你也许不如儿时幻想的那般，是无所不能的超人，但也绝不是自我否定时的一无是处。很多时候，你远比自己想象中的更加优秀。

别害怕犯错，更不要因为一次差错而陷入自我贬低中去，人生本就是在不断试错中成长的。当你下意识开始自我否定时，试着站在客观的视角去反驳你心中的那些消极想法。比如当你认为自己的工作报告做得不好时，换个角度想想："上次我也觉得自己做得不好，但是最后效果还行，也许这次也是一样呢。"然后用积极的想法代替脑海中的消极想法："这次准备的时间更充分，我也许能够比上次做得更好。"

很多时候，你自我否定的想法并不成立，你只是在用想象为自我设限而已。回看过往就能发现，自己已经走了很远的路，已经翻过了曾经以为的不可逾越之山，也跨过了难以横渡之海。

跨越山海，走到现在的你才是真正的你，所以永远也不要轻易否定自己。你很好，比你自己想象中的更好。

4. 最大的对手是你自己，自胜者强

在已经走过的人生路上，我们与形形色色的人交手过，与起伏不定的生活对抗过，有时候难免会产生一种疑问："人生最大的对手是谁？是站在眼前的敌人，还是等候在前方的未知障碍？"

不是，都不是，人生最大的对手是自己。《往事书单》中有句话说："我们常常拿着放大镜去观察和评价别人，却鲜少向内探寻。"人最可悲的事情大概就是，将自己宝贵的时间和精力都用于观察和探究别人，满心以为战胜别人就证明了自己是强者，但却忽略了对自己的了解，甚至无视自己的存在。

《道德经》中有言："胜人者有力，自胜者强。"战胜别人可以证明你有力量，能够战胜自己的人才是真正的强者。

电影《热辣滚烫》里的乐莹毕业后宅在家里十年，她抗拒外出找工作，一直颓废地生活着。她经历了被妹妹嫌弃、被男友背叛、被坏人骚扰、被喜欢的人抛弃、被表妹欺骗，这一切都让她心寒。

在她绝望之际，她看到了健身海报上的广告："你赢过吗？哪怕一次！"她开始没日没夜地进行拳击训练，有人问她为什么打拳，她说：

"就是想赢一次。"当她得到了站在赛场上的机会时，面对强大的专业选手，哪怕所有人都在劝她："不行就退出吧，何必被打得这么惨呢……"但她一直没有认输，一直说："我要赢一次。"

最后，因为业余选手和专业选手的实力差距，乐莹没有赢得比赛，但她坚持下来了。她发了一条朋友圈说："终于赢了一次。"赢的不是比赛，是她自己。

人的一生，无论是朋友还是对手，都是走了又来，来了又走，真正意义上能够对我们的生活和选择造成影响的，唯有我们自己。我们最大的对手，也是自己。

人性的弱点是与生俱来的，渴望躺平的心态、急于求成的焦虑、面对困难的恐惧和坚持不下去的无力感等，就像是一条从背后伸出的锁链，锁住了我们向前、向上的步伐。我们活着，无论能力有多大，一旦屈服于人性的弱点，再好的想法也只是一种幻想。

唯有积极的自我反抗和行动才能让我们真正有所收获。克服自身的弱点和缺陷，正是战胜自己这个最大对手的必要途径。尽管这并不容易，但是不要轻言放弃，就像狮子逐鹿，一个为了生活，一个为了生命。狮子也有失败的时候，不去努力争取、对抗一下，谁也不知道最后的结果如何，谁也不知道自己的潜力究竟有多大。

爱尔兰作家克里斯蒂·布朗，天生脑性麻痹，他无法自主控制站与坐，头部、四肢等身体部位也不能活动。当时，几乎所有人都以为他的一生都要如此痛苦地度过。

一次偶然的机会，他用左脚夹起了粉笔在床上涂鸦，母亲看到这一场景后，惊叹于他的左脚还能活动，于是开始耐心地教导他用左脚写字。后来，布朗产生了一个想法，并告诉妈妈："我可以用脚打字！我要成为世界上第一个用脚趾打字的人。"通过不断练习，布朗不仅学会了用脚打字，还学习写作，并将自己的经历写了下来。在他二十一岁时，出版了他的第一部自传体小说《我的左脚》。

当困难来临时，我们真正要面对的，不是困难本身，而是在困境中萌生退意的自己。有人说："一个人失败的最大原因，是对自己的能力缺乏充分的信心，甚至以为自己必将失败无疑。"

无论是何种境遇，我们唯一会遭遇的失败，就是在面临挑战时，过低地评估自己成功的可能性，从而失去了挑战的勇气。只有不给自己设限，不断突破自我，才能走得更高更远。

一旦我们坚定地去做了，就知道困难和挣扎都只是一时的，只要给自己足够的时间和耐心，付出足够的努力和坚持，再难的事情也会渐渐变得简单。我们向前迈出去的每一步，都是在创造更好的自我。

向下走的路永远比向上走的路轻松，人生很多有益的事情，都不是让自己轻松的事情。真正厉害的人，能够抵抗住向下的惰性，去做难但有益的事情，向上生长。

生命要活得义无反顾，才不算辜负。走出去，打破自我本能的限制，自胜者强。

5. 不要让别人的议论淹没你内心的声音

自己想要学习一项技能时，有人会说："你这个想法真棒，你一定可以做到的！"也有人会说："你还学技能，学不会的，趁早放弃吧。"自己为了梦想努力时，有人会说："有梦想是非常酷的一件事。"也有人会说："梦想就是幻想，没有用也没希望。"

当我们做出某种决定时，外界总会有各种不同的声音围绕着我们，或是支持的、或是欣喜的、或是反对的、或是泼冷水的。我们往往会受到这些声音的影响，变得更有动力、努力向前，或者备受打击、一蹶不振。

我们在集体中生活，期待自己所做的事情能够获得别人的认可和支持是十分正常的事情。但是，每个人的经历不同、认知不同、思维方式也不相同，一个人的决定很难被所有人认同，这个世界也不会只出现一种声音。

当你试图去倾听每一个人的声音时，你很可能会被外界嘈杂的声音淹没，而难以做出自己正确的选择。所以，比起关注别人的想法，更重要的是，我们要管好自己的心，要清楚明确地去认同自己内心的声音，并保证自己的想法不会轻易被外界所左右。

　　我很喜欢写作，经常将自己写的文章发表在网络上。在刚开始写作的时候，每次发表文章后，我总是反复查看读者的评论，想要让自己创作的内容满足每一位读者的需求。自己的心情也会跟着读者的评价而起伏不定。

　　那段时间，我感觉自己的灵感越来越少，读者的反馈也逐渐变得杂乱和负面。我每天的精神都非常紧绷，内心更是疲惫不已，甚至一度失去了继续写作的欲望。好在，我察觉到了自己的状态不对，于是开始尝试着去屏蔽掉外界的干扰，不再将每一位读者的评价都奉为圭臬，只专注于自己的写作。不承想，创作时反而灵感充盈，也越写越顺。

　　一个人对外界越在意，就越容易心烦意乱。当我们放弃倾听每一个人的声音时，自己内心的声音才会变得明确且坚定。与其在别人充满参差的议论中沉沦，不如专注于做好自己的事，为自己的内心"松绑"，或许能够拥有意想不到的收获。

　　如果你有什么想做的事情，别因为担心周围人的眼光而止步不前，因为别人没有你想象中的那么在意你。

　　在心理学上，有一个"焦点效应"，也叫"聚光灯效应"，指的是人们很容易高估自己在别人那里的受关注程度，并在意自己给别人留下的印象。人们也常常因此而让行动变得束手束脚。但事实上并非如此，别人并不会对我们过多注意。

　　关于焦点效应有一个实验：测试者让学生们穿上某件图案奇特的T恤进入教室，超过一半的学生认为，其他人会注意到自己的穿着。结果，只有百分之十左右的人看清楚了T恤上的图案。

你仔细想想就会发现，之前做错的决定、经历过的尴尬时刻，没有多少人记得，就像你也不会特意去记忆别人的信息。所以，只管生活得放松点，勇敢做自己就好，哪怕你做了某些不被别人认同的事情也没关系，更没有必要不停地向别人解释什么，因为从不了解你的那些人口中，会出现很多版本的你，但都不是真正的你。

张伟丽是亚洲首位终极格斗冠军赛（UFC）世界冠军。她曾在一次比赛失利后的采访中透露，比赛当天她听到了观众席里发出的巨大的唏嘘声，忍不住紧张走神，结果被对方找到了机会。在心情和声誉跌入谷底时，她调整了自己的状态，不再去关注别人，只专注于自己的提升。

时隔一年多，她在UFC比赛中夺回"金腰带"。赛后，面对大家的称赞和追捧时，她却表现得很平静："曾经的我总想着去拿金腰带，很在意输赢，想赢怕输。但这些年经历了失利和一些事情后，我慢慢发现，综合格斗会是我一辈子的事业，我可以放下包袱，放下输赢，去享受比赛。"

我们才是自己生活的主角，在自己的生活里拥有最大的权利。外界的声音只是一种参考，如果你不喜欢就不用参考，除了你自己内心的声音，任何人的观点都不能代表你自己。

不要被任何外界的声音所影响，你只管走好脚下的路、做好自己想做的事。这样，人生才不算被辜负。

不被束缚，

不被定义，

做最真实的自己。

6. 找到自己的节奏，不必追赶，只去抵达

这世间，只有两件阻碍我们幸福的事：活在过去和观察他人。与他人比较，以一个完全不相干的标准去评判自身，除了徒增烦恼和扰乱自己的步伐外，没有任何的意义。

我曾经分外焦虑，彼时正值工作动荡，又见身边朋友不是创业做了老板，就是结婚生子家庭稳定，或者再战考研提升自己，内心对自己的未来无比迷茫，我觉得自己没有身边的朋友过得好。于是，我不停地去模仿、追赶，但又常常有一种追也追不上的无力感，最后搞得自己筋疲力尽。

直到有一次，再与朋友见面，听着大家的互相倾诉才发现，人人都有着自己的烦恼，大家都在羡慕着对方的生活。那些曾充盈于我内心的比较，忽然就在心中散开了。

我们总是害怕被同龄人抛弃，下意识地与他人比较，以此来评价自己的能力和成就，比较后又控制不住地焦虑，这种行为的背后或许可

以用心理学上的"社会比较效应"来解释。

"社会比较效应"认为，人们有一种内在的驱动力，通过与他人进行比较来获得自我评价。心理学研究表明，与他人比较很容易让人产生焦虑感，因为我们在比较时，往往只会注意到对方光鲜的外表，而忽略对方所遇到的困难和挑战，进而产生一种"他们过得比我好"的错觉。

山有山的高度，风有风的自由。人与人之间所走的路不同，每个人都有属于自己的独特境遇，就像在体育运动中身处完全不同的赛道一样，根本没有可比性，那自然也就不存在抛弃不抛弃的问题了。

真正的幸福并不存在于追逐他人的路上，而在我们为自己踏实走好的每一步上。

每个生命都有自己独特的节奏，鸟儿不会与猎豹比跑步，猎豹不会与鱼儿比游泳。大家各有所长，与其徒劳地和他人比较，羡慕别人的特长，不如挖掘自己的能力和才华，进一步认识自己、欣赏自己。

在社会心理学上有一个概念叫作"社会时钟"，它被定义为：个体生命中主要里程碑的心理时钟。通俗地说就是"在什么年龄就该做什么样的事"，比如求学、工作、结婚等。

有些人一味地追求让自己的经历符合"社会时钟"，怕自己哪一步出错，或哪一步被落下，拼尽全力地向前奔跑，试图"按部就班"地生活以规避风险和意外。但生活本身就充满了不确定性和独特性，"社会时钟"并不适用于所有人。

在网络上有一个"逆社会时钟"群组，在这个群组中，有人 20 岁去隐居、有人 30 岁读大学、有人 40 岁才结婚……他们不再遵循大多数人认可的"社会时钟"下的规则生活，也不再按照约定俗成的路线来规划自己的人生，而是生活在自己的时区里。

人生的选择多元，行进的节奏也各有不同。无论是根据"社会时钟"还是"逆社会时钟"的节奏前行，只要自己的内心充盈而坚定，在你自己的时区里，没有早一步，也没有晚一步，一切进行得都是刚刚好，所以别急着探寻结果。

很多人的焦虑源于对结果的过度迫切，一旦在短期内不能看见结果，就倾向于放弃，并重新找一条路，可是这样往往只会白白浪费自己的时间。

多给自己一点耐心，找准真正适合自己的节奏。不必去追赶什么人，也别急着完成什么任务，该休息时就养精蓄锐，该行动时就全力以赴，会更容易取得期待中的结果。

有一个"荷花定律"：荷花每天开放的数量都是前一天的两倍。也就是说，如果第30天荷花会开满整个池塘，那么在第29天时它才开满池塘的一半。

人生，不需要慌张赶路，每一步都多花一点儿时间也没关系，和世俗的步调不一致也可以。

我们的生活不是为了向外界证明什么，只要不辜负自己就好了。走在成为自己的路上，无须追赶，只去抵达，生活自会慢慢明朗起来。

第三章

接纳自己：
也接纳自己的
"不接纳"

1. 接受自己本来的样子

　　我们能够看清自己是什么样子的，却又在心中否决自己原本的样子。因为，我们总是用世俗化的眼光看待自己，用社会上各种各样的标准去要求、评判自己，一旦与大众的眼光有所出入，就开始排斥自己。

　　我们企图为自己贴上一些标签，戴上一些面具，去向别人证明什么，但这实际上不过是麻痹别人和自己的伪装而已。这非但不能减轻痛苦，反而会让自己陷入更加深刻的焦虑之中。

　　我曾有一段时间生活得非常痛苦，明明不喜欢外界无用的社交，却因为心中认为热情的人更受大家的喜欢，所以假装外向爱交友；明明觉得减脂餐难吃得要命，却因为害怕别人评判自己的身材而咬牙吃到吐；明明自己不是自律的人，却还是逼自己去健身，最后却换来了报复性的偷懒……

　　我得承认，那时候的我，清楚地知道自己是一个怎样的人，但却不能接受自己是那样的人。我渴望改变现状，却不知道如何改变现状。越是努力扮演理想的样子，就越是不得要领地痛苦着。后来，我发现，当我不再排斥自己身上诸多的毛病时，那些我所不能接受的、发生在我身上的、令人精神紧绷的烦恼反而销声匿迹了。

我们的内心住着两个“我”，一个真实的、平庸的“我”，一个理想的、完美的“我”。现实与理想的差距总是让人焦虑、恐慌又自卑，有时还会令自己陷入深深的自我否定之中，不愿去面对真实的自己。

我们常常忽略了一点，每个人都有自己的优劣势，再完美的人也有缺点。我们无须削足适履，将自己塑造成外界理想的模样。这个世界就像《杀死一只知更鸟》里说的那样：“你永远不可能让所有人都满意，因为有人喜欢真实的你，就有人喜欢你理想中的你。”

《我们这一天》中有一句台词是：“接受自己原本的样子，比努力扮演另一个人轻松多了。”伪装，只能让我们获得看似光鲜的外表，其内里仍充满焦虑。

学会接受不完美的自己，与自己和解，才有机会让自己变得更好，正如一位心理学家所说：“一个有趣的悖论是，当我接受自己原本的样子时，我就能改变了。”犯错时都是知错才能改，我们只有先接受自己，才有机会改变自己。

很多时候，真正让我们感到痛苦和焦虑的并不是外界的议论和评判，而是我们对自己的不满和偏见。

在心理学上，有一个有名的“疤痕实验”，实验内容很简单：

实验者召集了几名志愿者，在他们的脸上画上了足以以假乱真的疤痕妆，并让志愿者看见了自己脸上的疤痕妆容，然后要求他们到指定地点去观察别人面对自己的反应。

实际上，在实验真正开始之前，志愿者脸上的疤痕妆都被擦去了，但他们认为自己的脸上还有疤痕。结果，几乎每一位志愿者在实验结束后都表明，自己受到了身边人与往日不同的特殊对待，比如嘲笑和嫌弃。

志愿者脸上明明无疤，却体会到了被人特殊对待的感觉，这种感觉并非出自客观事实，而是出自他们在自我定位之后，对他人的表现产生的过度想象和解读，困住他们的不是外表的疤痕，而是他们自己心中的"疤痕"。

我们内心都有这样的"疤痕"，"疤痕"也代表了故事和经历。那些只属于我们自己的故事，也应该是被我们接纳的一部分。当我们接受了最真实的自己，也能够勇敢面对自身的"疤痕"时，外界的眼光就不能再对我们造成任何伤害了。因为我们早就先他人一步看清并接纳了事实，针对事实的评价自然不会成为我们的束缚。只要心中不惧，内心便能一往无前。

你可以不特别，也可以不优秀，这一切都不要紧，喜欢你的人只会因为你是你而喜欢你，所以你无须勉强自己以适应别人。

你一定要先任何人一步，去接受自己原本的样子，然后坦然无惧地朝着心中的光亮奔赴。

2. 接受事物本来的样子

父母应该更懂、更理解我；我应该做得更好、更成功；我的能力应该远不止如此；我进入的公司应该不是这样的……不知道你的脑海中是不是也和我一样，经常萦绕着这些"应该"的想法，试图让现实按照自己脑海中的假设去运行，一旦现实与我们脑海里的想法不相符合，内心就会隐隐地生出焦虑、不安和沮丧等负面情绪。这样的思维方式，在心理学上被称为"应该思维"。

应该思维的本质是一种认知扭曲，它让我们认为，某些事情必须臣服于我们脑海中已有的规则，并以特定的形式发生，否则，这就是不被接受的。应该思维所设定的那些不切实际的目标，就像是一把无形的锁，锁住了我们的自我幸福感。

生活中有太多太多无法控制的因素了，未来会发生什么我们无从得知，过去已经发生的事情再怎么懊悔也无法改变。但是生活的有趣之处，也恰恰在于它的不可预测性。

理想与现实总有差别，这世界上没有什么事情是"本应该"。如果不能改变客观事实，那就改变我们面对客观事实的态度。面对生活的无常，与其在难以掌控中焦虑，不如试着去允许和接受，接受我们对很多事情的无可奈何，接受生活偶尔的单调重复，也接受意外和遗憾的发生。

我们要接受的，是事物本来的样子，而不是自己期待的样子。

心理学家肯·威尔伯的《恩宠与勇气：超越死亡》，记叙了他和妻子崔雅的故事。在他们结婚不久，崔雅被诊断出患上了乳腺癌。当崔雅刚刚得知自己患癌的结果时，她感到压力、恐惧、不解和遗憾。她是家中的长女，为了做好父亲眼里的长女，她一直十分独立，有什么事情都自己扛。她做很多"有用"的事情来感受自己的价值，她不明白过着健康生活的自己为什么会患上癌症。

随着持续治疗，她慢慢停止了对自己患癌原因的诘问，也拥有了走出他人期待的勇气。她开始去做一些"无用"的事情，比如享受园艺、尝试编织等。当她的疾病复发时，她的内心平静，没有了第一次的无助和彷徨，她竟然想要感谢这些复发，让她看到了自己内心的变化。她平静地接受了自己患病的事实，既努力治疗，又努力生活，过好当下。就像她曾在日记中写的那样："因为不能再忽视死亡，所以我要更加用心地活下去。"在最后的日子里，即便身体受尽折磨，她仍然自在安详地面对死亡。

我们生活的每一天，都在不断面对新的变化，或大或小、或多或少，意外和挑战同样是生活的一部分。

生活大概就是，想做而可做的尽力去做，心有余而力不足的别勉强去做，毕竟有很多事情并非人力能够左右，我们无非见招拆招而已，享受过程，也尊重结局。坦然地接受所遇见的一切，或许是变好的开始，过分地在意事情的结果，往往会事与愿违。

心理学上将不专注于事情本身，而是一再地考虑做事的结果，从而患得患失的心理现象命名为"瓦伦达心态"，它起源于美国有名的钢索表演艺术家瓦伦达。

瓦伦达在进行钢索表演时从没有出现过事故，却在一次重大表演中罕见地出现失误，意外身亡。他的妻子在接受采访时说："我想我知道他这次一定会出事，因为上场前他总是在说，这次太重要了，不能失败。而之前每次表演，他想着的一直是走钢丝这件事本身，不会去管这件事可能带来的一切。"

我们越是渴望成功、渴望将事情完成得尽善尽美，这种渴望越是会在无形中加大我们的压力，成为施加在我们身上的负担，影响我们的正常发挥。

我们可以全力以赴地去争取，但要带着一颗平常心，以一种坦然平和的心态去面对任何可能产生的结果，允许事情的结局不以人力为转移。

当得失心变轻，当我们不再执着于现实与自己的期待吻合，也许我们所面对的一切能在从容不迫的等待中峰回路转。

生命是一场盛大的体验，真实是一切的开始。我们要接纳所有现实，也允许一切如其所是。

追求内心认可,

而非他人赞誉。

3. 不必太用力，坦然接受每一天

或许是因为生活的节奏太快，或许是因为自己想要拥有的东西太多，我常常感到自己一休息就充满了负罪感，总觉得闲下来让人非常不安，恨不得花光力气、拼了命地向前冲去。然而，我越是急躁、越是用尽全力，越是难以达到心中期盼的目标。有时候，我不禁疑惑，是否真的是因为生活太艰难，所以努力了也看不到结果？

在经济学上有一个"边际递减效应"，指的是，在生产过程中，当其他条件一致时，如果一种投入要素持续增加，那么其产品所带来的收益就会逐渐减少。我们第一次吃到某种美食时可能会惊叹不已，但吃的次数多了后，这种美食带给我们的满足感就会逐渐减低。正如生活中的很多事情，并不是付出得越多越好，太过用力也许会事倍功半，得不偿失。

圈圈在网上开设了自己的课程，决心在互联网领域拥有自己的一席之地。大半年的时间里，她的努力程度甚至可以用"忘我"来形容。每天三场课程直播，每次直播两三个小时，在直播期间不间断地给客户讲解自己的课程，下播时总是口干舌燥。

直播结束后还要制作视频以增加账号粉丝量，从写脚本到成片，常常忙到凌晨两三点才入睡。这样高强度的工作，加上饮食不规律，导致她的身体出现了掉头发、精神恍惚等问题，再一看自己的账号粉丝量和课程转化量，仍是寥寥无几。

生活就像弹簧，太过用力，往往就失去了它原有的韧性。实现目标的过程就像在手上穿针引线，过于全神贯注地努力，反而越发容易手抖，线也就越不容易穿进针眼中。

在心理学上，这种现象被称为"穿针心理"，也叫目的性颤抖。一个人的目的性越强，也就越不容易达成目标。真正厉害的人，靠的不是短期的过度用力，而是恰如其分的投入。

凡事用力过猛，对于我们的身体和精神来说，都是一场巨大的消耗，倒不如顺其自然，尽力而为。

顺其自然，并不是消极的等待，也不是自我放逐，只听从命运的摆布，而是不去强求、苛待自己。学会接受生活的起落，也学会感受生活的喜怒哀乐，不因生活的困难而否定生活的美好和温暖，也不因生活的挫折而否定生活的价值和希望。

不要因为害怕失去而不敢放松自己已经因为握紧而受伤的手。人生的本质是一个人的生活，再怎么期待和渴求他人的陪伴和建议，多数时候，最后能够依赖的、能够为自己的人生做决定的人还是只有自己。

有时候，即便我们内心的想法再怎么惊动自己的天地，在他人眼中也不过是随手拂过的浮尘而已。也正因如此，我们才要坦然而自如地接受每一天，别去操太多的心，也别惦记太多的事情，沉浸地向前走去，哪怕一个人。

茜茜有一个爱情长跑七八年的男朋友，前不久对方提了分手，她痛快地答应了。他们的朋友一路见证了他们的爱情，为他们分开的结果感到可惜，问茜茜："你们都在一起这么久了，放弃太可惜了吧，怎么不再尽力争取一下试试呢，你不是还爱他吗？"茜茜说："是还有一点儿爱，但是我感受得到，他已经不爱我了，那么再怎么尽力争取也没有用的，不过是让两个人都痛苦罢了。"

我们可以在乎一个人，可以爱一个人，但是敢在乎、敢爱，也要敢离开和释怀。任何事情，都不是倾尽所有和毫无保留就能圆满的，感情更是如此。爱得太满，会造成双方的压力，对对方的过度依赖，只会让自己退无可退。在感情里，要懂得适可而止和及时止损，部分的深爱便已足够。

生活里的每一件事都不复杂，用不着费力地过，我们没必要将每一件事都想得那么重要或者将每件事都赋予特殊的价值。就像工作只是为了有钱生存，幸福只是一种缥缈的感受，它们并不是我们追求的目标，只是生活的组成和一种习惯而已。

无论你经历了怎样的求而不得、无论你受到了怎样的伤害，痛苦和遗憾终有一天会在时间里被习惯，会在习惯中过去。

我们唯一能做的，只有做好当下的事情，珍惜得到的所有，释怀所有的失去，让生活仍在井井有条中度过，然后从每一个当下开始，去期许新的未来。

4. 别人不喜欢你，真的没关系

　　我曾经非常在乎别人对我的评价，很害怕会被别人讨厌，那时我心中觉得，"不让别人讨厌是一件很简单的事情啊，只要我保持微笑和礼貌，别人也没有理由讨厌我吧"。事实上，的确有大多数人都对我回以了同样的友好，可是仍然有一些人"伸手打了笑脸人"，或者说，我越是表现得温和，反倒得到了越发刻薄的对待。

　　那时，我既疑惑又伤心，可是伤心之后又猛然发觉，他就算讨厌我了又怎么样呢？讨厌我的人，我也不喜欢他，我们之间不会有多么亲密的往来，他对我能够造成的唯一伤害，就是我因为他的讨厌而伤心。反过来想，只要我不因此伤心，他喜欢与否，与我真是一点关系都没有。

　　无论我们如何严苛地要求自己，也不可能让所有人都喜欢自己。有些人，无论你犯了怎样的错误，他们仍然会喜欢你；有些人，哪怕你付出所有真心去对待他们，他们仍然会讨厌你；还有一些人，会根据你的行为和自己的利益关系等因素，随时改变对你的态度。

　　有时候喜欢与否就是没有什么道理，所以，千万不要勉强别人去喜欢自己，也不要过于纠结别人为什么会不喜欢自己，我们完全没有必要因为别人的闲言碎语，而耽误了做好自己。正如庄子在《逍遥游》中写的那样："举世誉之而不加劝，举世非之而不加沮。"做一个真正宠辱不惊的人。

能够对我们造成伤害的东西，向来都是我们所在乎的，只要你不在乎别人的好恶，那么无论被别人怎么看待，都不会对你产生伤害。你若是惧怕被人讨厌，而事事迁就别人，那么最后只会委屈了自己。

电视剧《女心理师》中的莫宇，在别人眼里是个职场老好人，他进入公司将近半年，同事有什么需要帮忙的都让他干，他也从不会拒绝别人。哪怕是在下班回家的路上，面对同事的请求，他仍然会返回办公室替同事加班。尽管他因为无法拒绝别人的要求而非常痛苦，但是一想到拒绝别人，别人会因此疏远他，他会觉得比不能拒绝别人更痛苦。于是，他只能用尽全力去讨好别人。

可是，他的讨好却没有得到同事、领导的认可，反而被别人认为他好说话、好欺负，将他当作工具人一样看待。同事下班出去聚会时会落下他；应酬时，他反倒被第一时间拉来挡酒。

生活中有很多像莫宇这样的人，他们害怕冲突与批评，常常不敢真正表达自己的意见和需求，总是将他人的需求置于自己的需求之上，有意无意地去讨好、迎合别人，以获得别人的喜爱和认可。这样的人在心理学上被称为"讨好型人格"。

有心理学家说："身患取悦症的人对他人的认可上瘾，他们会努力想让除了自己以外的每个人都满意，甚至牺牲自己的健康和快乐来取悦别人。"这里说的"取悦症"就是我们常说的"讨好型人格"。

讨好型人格的人在与人交往时经常将自己放在低位，有时候甚至是卑微的。可是，并非所有卑微和讨好的付出都能得到他人应有的善意。一味地自我牺牲，也不一定会受到他人的喜欢。

不要因为害怕被人讨厌而放弃自己拒绝的权利，如果你因为拒绝他人的不合理要求而有半分迟疑，你可以想象一下，别人拒绝你时的态度和你当时的感受。

如果其他人可以干脆地拒绝，为什么你自己不可以呢？如果你没有因为他人的一次拒绝而否定你们之间的感情，那为什么你不能相信，对方同样不会如此轻视你们的感情呢？如果对方真的因为你的拒绝而让你们的感情恶化，那么你应该庆幸，你在一段不值得的感情里及时止损了。

与其看着他人的眼光生活，去追求一个不确定、不平等的回应，不如将自己的精力都放在更值得的地方。最值得我们为之付出的，是我们自己。我们的人生只是为了自己而活，活得好或不好，都与他人无关。我们的性格、人品、能力，都不出自他人的嘴里，而是实实在在地展现在自己身上。

我们的价值从不依赖于任何人的单一评判。大方地接受别人的不喜欢，也是自己的能力之一。

有心理学家说："获得幸福的勇气也包括'被讨厌的勇气'，一旦你拥有了这种勇气，你的人际关系也会一下子变得轻松起来。"

5. 可以生气，但不要越想越气

前两天我与公司新来的同事聊天，其间她突然厉声吼了我一句，但又立刻回复正常。当时我并未觉得怎么样，似乎这件事随着谈话结束也就被揭过了。可是，事后我却越想越觉得生气，她凭什么突然吼我？自己当时怎么没有回击呢？

很多人大概都有过相似的体验，我们好像总是等到事情已经过去后，才后知后觉地反应过来，觉得自己"当时我就该……"然后慢半拍地越想越难受，越琢磨越生气，恨不得回到过去反击，最后弄得自己心中不舒服好久。

生气是情绪的一种，它本身并没有什么不对，甚至有时候生气还是发泄不良情绪的一种方式，有助于我们情绪的调节。但是，生气可以，却不能越想越气，不能让自己一直沉浸在负面情绪里无法自拔，否则，只会让生气成为我们内耗的源头。

我们闷闷不乐的原因也许并不是导致生气的客观事实，而是事后脑海中反复出现的"越想越气"。有些人能够及时调节好自己的情绪，生气一时就过去了；而有些人可能在当时并不显露什么，之后却在脑海中不断加深这件事情，迟迟过不去这个坎儿。

小祥有一天上班时刚好赶上了下雨，她小心翼翼地在路上骑着电动车前往公司上班。在一个路口处，她突然感到有一个水帘朝自己扑过来，一瞬间视线被遮挡了，身上也都被浇湿了。

等到视线恢复，她抬头看到了一辆家庭轿车扬长而去，尽管非常生气，但是因为急着上班她就没有追究。结果到公司之后，没有带可以更换的衣服的小祥就这样穿了半天的湿衣服。后来她越想越气，越想越觉得不应该让对方就那么走了，甚至晚上回家时还在气愤这件事。

"越想越气"可能是我们掉入了"反刍思维"的陷阱。反刍思维是心理学上的一个概念，指的是，一个人在经历过不如意的事情后，反复地去回想与这件事情有关的因素，也反复体验在这件事情中感受到的负面情绪，最后深陷于负面情绪的泥沼里。

人陷入反刍思维的本质其实是对现实情况的无法接受，如果我们能够接受已有事实的发生，那么它们就不会再对我们有任何的影响力了。

如果遇上了令自己不悦的事情，不妨换个角度思考，也许你就会发现，它们未必真的有那么可气，更多时候只是你的一种假想而已。

心理学家费斯汀格提出过一个心理学术语叫"费斯汀格法则"，它指出，生活中的10%由发生在你身上的事情组成，而另外的90%则由你对所发生的事情如何反应所决定。这个法则告诉我们，生活中的一小部分是我们无法左右的，也就是客观事实；但是剩下的大部分却是我们可以把握的，也就是我们面对事实的心态和反应。

《庄子·山木》中有这样一则故事：一个人在乘船渡河时，眼见前方有一艘船要撞过来，他对着那艘船大喊了好几声，可是迟迟无人回应。见此情景，他十分生气，开始对着那艘船破口大骂。等那艘船行至跟前，他才发现，原来船上竟空无一人。于是，刚刚还怒火中烧的人，一下子就消了气。

这个故事正是心理学上"空船效应"的起源，它与费斯汀格法则都告诉我们，让人感到愤怒的并不是和船相撞的客观事实本身，而是我们看待这件事情的心态。

我们都是在未知中前行，既无法预料下一秒会发生的事情，也无法让一件事全然按照自己的心意发展，遇上不如意的事情是难免的，生气、愤怒并不能够改变客观事实的发生，反而可能会让自己因为不理智而陷入更差的境遇。既然如此，我们不如以一种开放的心态，去迎接生活的所有可能，接纳已经发生的一切，让自己面对生活的心态更加积极和从容。

一位心理学家曾说过："我们必须学会接受生活中的不完美，并且要学会宽恕自己和他人。只有这样，我们才能真正获得内心的平静。"

宽恕不是原谅他人，而是放过自己。生气会伤身，不管我们和谁生气，最后受伤害的往往都是自己。

当我们因为别人犯下的错误而气愤时，也许自己气得辗转反侧，而对方却始终无知无觉，那岂不是在用别人的错误来惩罚自己？得不偿失。

对自己宽容一点儿、善良一点儿，就从少生气开始。

6. 不必羡慕任何人，做好自己就够了

看到别人或才华横溢、或年入百万、或感情和睦，你是不是也曾经想过："真好啊，要是我也能这样就好了。"紧接着又忍不住感慨："可惜我做不到，只能羡慕一下别人了。"

羡慕是一种非常正常且普遍的情绪，但是我们没必要因为羡慕别人而贬低自己。别人拥有了某样东西，并不能代表他们一定比我们的生活过得更好，而我们缺乏某样东西，也并不代表我们生活得不好。

每个人都有各自独特的生命轨迹，在本质上并没有好坏和优劣的分别，那些我们下意识想到的，达到了某种程度才算幸福和成功的"标准"，事实上只是一部分人的约定俗成而已，并不是固定的、强制的标准。

我们不能因为追求那些所谓的"标准"，而忽略自己真正想要的是什么，也不能因为在别人身上看到了所期待的"幸福"，而否定自己的生活。

很多时候，我们所羡慕的别人的样子，其实可能是源于一种情绪错觉，因为我们并不能完全体验别人的生活，自然也就不能了解到对方最真实的样子。我们看到的，都是对方想让我们看到的部分而已，就像

我们自己，通常向外界展现的，也只是我们希望别人看见的那部分。

有人说："成功的花，人们只惊羡它现时的明艳，然而当初她的芽儿，浸透了奋斗的泪泉，洒遍了牺牲的血雨。"这世上，没有成功轻而易举，那些表面光鲜的人，其背后一定有常人所吃不了的苦。当你因为羡慕别人而去真正了解对方后，其背后的经历未必也是你羡慕的。

《哈佛教授与女儿的对话》中，女儿和教授说："如果有重新选择的机会，我宁愿做一只小鸟，每天自由自在地飞翔。"教授则告诉女儿："别人的生活就如远处的风景，远望虽好，近看却未必完美。"

有人面试了很多次都失败了，于是他羡慕那些面试成功的人；顺利通过面试且成功留在公司的人，工资捉襟见肘，于是他羡慕月薪过万的人；月薪过万的程序员多年来工作强度大，连睡个好觉都是奢望，于是他羡慕那些每天准时下班的人……

羡慕是一个圈，我们总是在彼此羡慕着，总觉得别人的生活过得比自己好，而对自己充满了否定。可是，我们的生活同样拥有很多东西，也许刚好在被别人羡慕着，是我们对自己所拥有事物的熟视无睹，以及对别人所拥有事物的过度美化，才造就了大多数求而不得的痛苦。就像有一个导演说过的那样："一个人最大的悲哀就是不喜欢你自己，如果你一直羡慕偶像剧的人生，不进行自己的人生，那你快乐的目的、烦劳的来源会徒增你的苦恼。"

生命的意义在于接纳自己、享受生活。我们每个人都是独一无二的，各有所长亦各有所短，与其羡慕别人，不如做好自己。毕竟，别人已经做了别人，而只有你才能做好你自己。

别人的生活再怎样闪闪发光，自己的生活再怎样平平无奇，生活的主角还是我们自己，我们生命里的所有故事都是由自己展开的。最珍贵的东西，从来不在别人手里，而是在我们自己手中。

当你羡慕一个人的时候，不妨问问自己："我为什么会羡慕他？""他拥有的东西对我来说真的那么重要吗？""我又拥有些什么他没有的呢？"

生活是自己的，我们要努力让生活适合自己，而不是适合别人。以别人为标准的追求没有结果，只有在深入的探究与自省中去调整自己的心态，去真实地感知自己已经拥有的和发现自己真正想要的，才能让生活真的成为适合自己的样子。

调整自己的心态，从接纳自己与他人的差异、欣赏自己的美好开始。当你将目光放到自己的身上来，稳稳当当地走好每一步，尽心尽力地完成每件事时，你就会发现，一切的平平无奇也能在踏实的锤炼中闪闪发光。因为闪着光亮的从来不是一个人流于表面的外在加成，而是深藏于内里的自我欣赏。

当你学会欣赏自己，只专注于做好自己而不是别人时，你自己就会成为一道独一无二的风景，也一定会有人因你的光亮奔赴而来。

生活没有绝对的幸福与否，只有知不知足，能知足者幸，不必去羡慕别人。

第四章

喜爱自己：喜爱优点也喜爱缺点

1. 对自己最好的爱，就是接纳自己

我们常常能够听到一种声音："你要爱自己。"那么，什么才是爱自己呢?

爱自己，既不是物质上的自我满足，也不是对自身优势的无限放大。爱自己，是对自己坦率，是接纳自己的一切，并从内心深处知道：我值得无条件的爱与被爱。

有很多人在理解"自我接纳"时，会这样想：我吵架从不认错，这就是我自己嘛，改变了就不是我自己了，我要接纳自己；我不爱收拾东西，导致家里乱糟糟的，但是我要做真正的自己，乱一点儿也没关系……这些表现并不是真正的自我接纳，只是一种逃避现实、恣意妄为的自暴自弃。真正的自我接纳是重视自己的全部，包括自己的优点，也包括自己的缺点，哪怕缺点不能被及时改正，但同样重视构成自己的所有。

一味地否定自身的缺点，是拒绝成长的表现。毕竟，改变总是在看见和接纳之后，发现自身不足，才能加以改正，之后才得以蜕变成更好的自己。

在心理学上，自我接纳是指一个人对自身的一切特征所持有的一种积极的态度，面对缺陷不过度自卑，面对优势也不过分骄傲。它是一种对现实自我的真实性和完整性的欣然接受。

接纳不意味着面对缺点坐以待毙，也不是面对困难止步不前，它只是说明你在当下的那一刻，放下了挣扎和抗争，选择了顺应内在和外在的局势而已，也许这会给你带去心灵上的平静和满足。

心理学家艾希莉·戴维斯·布什在《接纳》一书中做过一个比喻：想象一下自己正置身于一片美丽的田野中，你的手中正拿着一条绳子与一个蒙面的神秘人进行拔河，你越用力，他也就越用力。

那个"蒙面的神秘人"指的正是生活，拔河的过程是生活试图将你拉入所有你不喜欢的境遇里。你越是用力地拉扯绳子，想要控制对方，你的对手——生活，总会比你更有力。

这个看似永远赢不了的比赛，其实有一个方法能摆脱必输的结局，只要你松开拉着绳子的手，停止这场与生活的比赛，你就能够立刻坐下来，静享田野里的花香和内心的释怀与平静。

接纳，就是停止对抗的过程，停止与生活的对抗，也停止与自己的对抗。《不与自己对抗，你就会更强大》中写道："每个人都会遭受两支箭的攻击，第一支箭是外界射向你的，它就是我们经常遇到的困难和挫折本身；第二支箭是自己射向自己的，它就是因困难和挫折而产生的负面情绪。"

第一支箭伤害的是我们的外在，是可以估量的；第二支箭伤害的却是我们的内在，是难以估量的，我们越是挣扎着摆脱它，越是会让这支箭深入内心。

电影《超大号美人》中的芮妮是一个相貌和身材都普普通通的女孩，她时常为自己的身材和外貌感到自卑。因为意外，她不小心撞到了脑袋，产生了幻觉。她的外表没有发生任何变化，但是她从镜子里看见自己时，却觉得自己的外貌是那么完美、那么无可挑剔。

从此，芮妮从小心翼翼的自卑变得乐观幽默、自信大方。她还去一家时尚公司面试了前台的岗位，尽管她的外表与岗位的要求不太相符，但是她在面试过程中十分自信地表现着自己，因为她深信自己完美的外表没有人会不喜欢，面试官也确实被她的自信感染，让她得到了这份工作。

电影的最后，芮妮清醒了，她看着自己又变回了那个平凡而普通的样子非常沮丧，以为让自己变美的魔法消失了，甚至想要放弃得之不易的工作。后来她才知道，原来并不存在让人变美的魔法，自己的身体从来没有真正改变过。真正让她变美的，是她从心底接纳、欣赏自己时产生的自信。

真正的爱自己，是放过对完美主义的追求，是去包容自己生命中的所有。有人这样说："不够完美又何妨，万物皆有裂痕，那是光进来的地方。"我们不必去迎合外界期盼的形象，只要接纳原原本本的自己就好。

接纳，于生命而言，是极致的温柔；于自己而言，是最好的爱。我们接纳生命的无常，接纳意外的到来，接纳分离与孤独是生活的常态，然后将接纳的一切糅合成一种向内的能量，坦然无惧地面对未来。

2. 去看自己喜欢的风景

新入职的公司自己觉得不错，但听着同事的吐槽突然就觉得有问题了；明明自己很想选择另一个职业，却在家人的劝说下选择了他们期待的那一个……你是不是也有过这样的经历，当你正在坚持自己的想法时，却收到了来自周围人的质疑和否定，然后不免感到内心的动摇？

在心理学和营销领域上，有一个被广泛应用的定律叫作"韦奇定律"，也被称为"群体效应"，它所描述的正是这种现象。

韦奇定律是由美国经济学家伊渥·韦奇提出的，它的意思是，当一个人的意见和周围人的意见不一致时，这个人很容易被周围人所左右，从而难以坚持自己的想法，并会因此改变自己的行为或决策。简单来说就是，哪怕你已经有了自己的主见，但是如果有很多朋友的想法与你相反，你就很难不动摇。

很多时候，我们被他人的评论影响而动摇自己的内心，并不是说明我们没有主见，只是因为一个人确实很难在社交环境中坚持自己的观点而已。但是这并不意味着我们一定要因为旁人的闲言碎语而轻易否决自己的信念。相反，我们要做的是，从旁人的想法中汲取有价值的信息来丰富自己的思考，从而在面临选择时让自己的决策更冷静、更理性，也更有值得坚持下去的价值。

心理学上有一个"不值得定律"，它反映了人们的一种心理，一个人如果从事的事情是他认为不值得的事情，往往就会持敷衍的态度去执行，这样不仅完成事情的效率低，完成事情后的成就感也少。如果他做的是自己认为值得的事情，则他会认为事情的每一个进展都有意义。

怎么确定这件事情是否值得呢？所谓"值得"与"不值得"并不是靠他人眼中的标准来评判的，而在于我们自己内心的衡量。

《月亮与六便士》中的思特里克兰德是在伦敦工作的一位证券经纪人，他的家庭富裕，妻儿圆满，生活人人称美。可是，就在他40岁的时候，突然抛下了工作，离开了有妻子和孩子的家，只身前往了巴黎。

在别人眼中，他这一突然的举动多半是在外面有了情人。可实际上，他前往巴黎只是为了画画。他说："我必须得画画，我无法控制自己。一个人掉进水里，他游得怎样都是无所谓的，好也罢，坏也罢，反正他得游出来，不然就淹死了。"

尽管他的画作卖不出去，生活穷困潦倒，但他仍然坚持作画。后来，他辗转到了塔西提岛，在这里遇见了土著姑娘爱塔，并与她相伴到老。生命的最后，思特里克兰德身染重病却仍然在屋子的墙上完成了自己最满意的壁画。可是他并没有让自己最满意的画作留存于世，他嘱咐爱塔在他去世后将画作全部焚毁，爱塔照做了。至此，生活坎坷的画家思特里克兰德的人生落幕了。

《月亮与六便士》或许可以用"理想与现实"来代表，而这两者如何权衡、如何抉择，似乎是我们永恒思考的问题。书中还有一个问题是："做自己最想做的事、过自己想过的生活、内心始终平静，这样就算把自己的生活给毁了吗？成为一位知名的证券经纪人，年入一万英镑，娶一位美人为妻，这样就算是成功了吗？"作者毛姆用思特里克兰德的故事告诉了众人他心中的答案。

这个世界上最值得的事情，大概就是以自己喜欢的方式度过一生了，哪怕这件事情在世俗看来是不明智的。

别听世俗的耳语，只管去看自己喜欢的风景。这世上，无论你活成什么样，都会有人指指点点，不用浪费时间让所有人都去认识真实的你，认可真实的你，喜欢你的人自然会喜欢你，不喜欢你的人再争取亦是徒劳。

《摩登家庭》中有一句话："不要害怕打破常规，你永远不知道会发生什么好事。"不要因为担心自己所选择的路与他人不同而动摇，只要你认为自己的选择是正确的，那么就勇敢地去做、去尝试。

这个世界我们只来这一次，选择你所热爱的，热爱你所选择的，只走自己想走的路，只看自己喜欢的风景，才不算白来一次。

你只管投身于自己的热爱里，生活自有万般精彩。在某个看似平凡的时刻，你想要的都会出现在你面前。

做茉莉，做雏菊，

做无名小花，做千千万万。

你可以是任何样子。

3.你不必努力活成玫瑰

我们每个人的追求各有不同，大家也都有各自的生活方式，谁说自己的追求一定比别人好呢？谁又能说，别人对我们抱有的期待就一定适合自己呢？

前两天我写稿子时，父母来了电话，他们再次让我平时多和同事社交一下，多参加一些活动，只有这样，才能让领导看见我。

我非常明白他们的意思，一个人想要在职场上走得顺利些，除了优秀的工作能力外，良好的社交关系也必不可少，他们担心我会因为后者影响职位晋升。

可是，我清楚地知道自己内心的想法，我明白自己想要得到的东西是什么，我喜欢安安静静地工作，而对于和他人打交道这件事，我实在不擅长也不喜欢。所以，我知道，我只能辜负他们的期待了。

在这个世界上，有些人在事业上颇有野心，可以将自己的时间无限地奉献给自己的工作，也为了能够站得更高而拼了命地学习、工作，用各种方式丰富着自己的生活。

也有一些人，他们既不渴求事业上的成功，也不奢望自己的生活多么精彩，他们想要的生活简单而平淡，比如，闲暇时能够去图书馆看看书、偶尔可以和朋友约一顿饭、时常能和家人通个电话、日常就待在自己的角落里安安静静地独自生活……

世上的花不止一种，所谓花语也都是人为定义的。我们不能因为喜欢玫瑰的人多，就说薰衣草不配代表爱情。

我们身边的人，总会下意识地用各种各样的期待来塑造理想的我们，可是如果每个人都应众人的期待而活，那岂不是每个人都是一个样子了？

我们的生活最终都是自己的，我们要接受自己的普通，也要相信自己的与众不同，我们要活成理想的自己，而不是别人理想的样子。

《人间值得：在苦难中寻找生命的意义》是心理学家玛莎·M·莱恩汉的自传，里面讲述了她自己的故事。

玛莎的妈妈是一个完美主义者，玛莎自小就在妈妈的严格要求下长大。她妈妈希望把玛莎培养成为一个符合自己心中标准的乖巧、美丽的大家闺秀，但是玛莎却爽朗又不拘小节，与她期望中的样子完全不同。于是母女关系日益紧张。

因为父母过高的期望和达不到期望的指责，玛莎一直处于压抑之中。直到有一日她崩溃自杀，家里人才发现了她的异常，并将她送进了生命学院接受治疗。自此，玛莎开始了长达两年的饱受折磨的日子。在所有人都以为她的人生完了，准备放弃她时，她却凭借自己的力量从抑郁中走了出来，还开创了辩证行为疗法来帮助和她一样的人们。

在《人间值得：在苦难中寻找生命的意义》这本书中有这样一句话："如果你是一朵郁金香，就不要努力成为一朵玫瑰花，请寻找一个种满郁金香的花园！"

一朵郁金香再怎么备受期待，也不可能成长为一朵玫瑰花，一味强制性地改造郁金香，在无形中否定了郁金香的价值。别人对我们的期待，其实只是他们将自己的信念强加于我们身上而已，那代表了他们想要成为的样子，却并不能代表我们应该成为的样子。

永远不要因为旁人的想法而陷入自我认同的怀疑，那将是一种自我惩罚和折磨。正如《蛤蟆先生去看心理医生》中写道的那样："没有一种批判比自我批判更强烈，也没有一个法官比我们自己更严苛。"

人生本没有标准，假使有标准，也应该来源于我们自己的心。接纳自己、喜欢自己、成为自己，才是我们最应该思考的事情。

我们之所以迎合他人的期待去获得外界的认同，或是强迫他人完成自己的期待，在本质上都源于自我精神世界的匮乏。因为在精神上不能自给自足地获得快乐，所以才出现了勉强和强迫。

你要做一个在精神上自给自足的人，不要被束缚于外界对你产生的那些通俗的定义和评价中去，任何人都不具备你生命里的权威，除了你自己。

你不一定要多么出众，再小的微光也闪亮，再平凡的人也有属于自己的高光时刻，记得要做不被定义的人，要活得明媚且自信。

哪怕所有人都给予了你成长为玫瑰的期待，你也有成长为雏菊、百合或栀子花的自由。你可以是浪漫的，可以是热情的，可以是清冷孤傲的，世间的花朵千千万万，你可以成为任意一朵、可以成为任何你想要成为的样子。

4. 努力活成自己喜欢的样子

每个人大概都曾在年少时幻想过自己未来的样子，也曾坚定地认为，自己一定会活成那个样子。于是，我们对未来充满了欢欣的期待。可是，岁月流转，走到现在，你活成自己喜欢的样子了吗？

我想，很多人都难以给予肯定的回答，不是因为不喜欢，而是不知道自己是否喜欢。很多时候，我们总是习惯性地顾及他人的感受，他人的看法也成了我们是否喜欢自己的构成部分，似乎别人是否喜欢我们，决定了我们是否喜欢自己。

我们总说"人生不易，要多爱自己"，可是，生活中却有很多人爱别人胜过爱自己，连生活都过成了别人喜欢的样子，而不是自己喜欢的样子。

在《愿有人陪你颠沛流离》中，卢思浩这样写道："我们之所以觉得成长是一件糟糕的事，是因为我们没有变成自己喜欢的样子。"

真正让人难过的事，或许并不是成长会面临苦难，而是我们自己的生活却没有听从自己的心意。

在这个世上，没有谁能够受到全然的认同和赞美。与其因他人的挑剔和质疑而让自己做出违背本心的事情，不如按照自己的意愿活出更真实且独一无二的自己。毕竟，无论你活成什么样，总会有人喜欢你，即便有人不喜欢也没关系，至少，你会更喜欢你自己。

我曾看到过一张照片，照片中一个身材壮实、头发板寸的中年女人穿着一身可爱的公主裙站在路边，身边有人回头看她，但她只是面色坦然地站着。照片底下有很多评论，有小部分是夸赞她勇敢的，但大多数都是"故意扮丑来吸引流量""哗众取宠""辣眼睛"这一类的恶评。

发布照片的摄影师后来说，自己只是偶然间拍到对方，没想到会引起这么大的讨论，他因此感到内疚，并去向对方道歉。结果，对方只是笑着和他说："没事，我自己觉得好看就行了，别人怎么想我不管。"我看见摄影师的回应，也忍不住去那张照片底下称赞了她的勇敢。

一个人，能够忠于自己的内心，敢于活成自己喜欢的样子，是勇敢的人，而勇敢的人先享受生活。

当我们放下对自我的批判，开始体谅、在意、偏爱于自己的感受时，就不会再去在意他人的看法，而是遵从自己的内心，懂得放弃期待，也停止内耗，只为取悦自己而努力。

只有取悦自己，才最能让自己知道快乐与幸福的色彩，才不会让所谓"美好"和"精彩"的生活只停留在理论上。

取悦自己，不能按世俗的条条框框要求自己必须去做什么，而是要发自内心地想要做一件事、发自内心地因为这件事而感到快乐。

人做一件事情的动机通常分为两种：外在动机和内在动机。有些人认为，外在动机和内在动机没有什么区别，毕竟二者都会让人做出相应的行动。然而，在心理学上有一个效应说明了这二者的不同，它叫作"德西效应"。

德西效应源于一个实验：参与者被要求完成一些任务，刚开始没有任何奖励。后来将他们分为两组，一组在完成之后给予金钱奖励，另一组则什么都不给。随后，参与者拥有一段自愿参与任务的时间，结果发现，被给予奖励的一组自愿参与的时间少于未给予奖励的一组。

德西效应表明，内在动机是推动一个人持续投入活动中的关键。也就是说，只有真正的热爱，才能让自己一直保有强大的内驱力。

岁月如此漫长，我们要有明确的自我觉察，要去寻找自己的热爱，然后才能在热爱里收获源源不断的快乐。

我们生来就是独立的个体，该有着自己的生命体系，请遵从自己的心意，做一个完完全全属于自己的人。

如果你的内心还存在为自己而活的渴望，那么就从此时此刻开始，慢慢活成自己喜欢的样子，哪怕慢一点儿、时间久一点儿也没关系。

不要着急，所有的光芒都需要时间才能被看到，所有的成功都是努力埋下的伏笔，岁月会回馈现在无人问津的你。只要你一直在向前走，每一天都会遇见更喜欢的自己，而在这个努力变好的过程中，我们也将是快乐和知足的。

在未来的日子里，记得要活得随性、活得自由、活得洒脱，只按照自己的心意而活。尽管人生并非坦途，也要去追求和体验一切令人欣喜的事物，去活成自己喜欢的样子。

5. 不用刻意合群，有趣的人会互相吸引

关于合群，大概每个人都不陌生，我们在生活中常常被人提醒"要合群一些"，这似乎已经成了社会普遍的交往准则。

前段时间，我在网上看到一个关于"办公室奶茶文化"的话题，有很多人对此不堪其扰。网友小月说自己有减肥的计划，不能喝奶茶，可办公室里其他人在买奶茶时却都默认买上所有人的份，当然也会分给她。即便她解释过很多次，可自己的桌上还是会被放上一杯，后来自己也不好意思再说了。

更令她无奈的是，明明她自己没有喝奶茶的想法，却还要偶尔负担整个办公室的奶茶费用。因为"轮流请奶茶"似乎已经是办公室里不成文的规定了，她很害怕自己不那么做，会被同事认为不合群而被孤立。

"奶茶文化"在职场中似乎越来越常见了，不仅给我们的钱包造成了一定的负担，更是给我们的心理造成了不小的压力。而这种压力的来源，一般都是职场中的"合群压力"。

大约从小时候开始，我们就会被家长教育"要多交朋友，不要不合群"。随着长大，我们也能发现，很多人批评教育自己的理由也是"你怎么这么不合群！"就这样，"不合群"就慢慢地成了我们心目中负面标签的代表。

于是，我们为了让自己不被说"不合群"，而迫使自己在任何情况下都要向合群靠拢，哪怕这个群体并不是自己想要接受的。

小华明明不爱看综艺，却因为周围的人都在讨论，于是为了自己能够和他们拥有共同话题，也跟着附和起来。

小晴明明自己一个人过得很好，却因为害怕被别人指指点点，而一次又一次地答应相亲。

小峰明明想要在下班后给自己留一些时间，却因为害怕被孤立、排挤，而强迫自己去和同事应酬。

根据心理学家马斯洛提出的"需求层次理论"来说，人的需求分为生理需求、安全需求、归属与爱、尊重需求和自我实现五个层次。追求合群实际上是其中的"归属"需求，也就是说我们拥有合群的需求是正常的。

可是，我们似乎对于"不合群"这件事总是充满了焦虑感，合群真的这么重要吗？当我们为了合群而一味地迎合他人时，我们还是我们吗？

心理学上有一个概念叫"羊群效应"，也叫"从众效应"，指的是，人们的思想或行为很容易受到周围人的影响，从而出现无意识地跟随大众的思想或行为的现象。就像一个散乱的羊群中，如果出现了领头羊，那么羊群就会跟着这只领头羊走，无论前方是否存在危险。

这是一种盲目从众的现象，一味想要合群的人也如羊群中的羊一样，失去了自己的判断和主见，沦为了集体中的一员，而不是有着鲜明个性的个体。

心理学家古斯塔夫·勒庞创作的《乌合之众：大众心理研究》一书中，曾对合群这样解释："人一到群体中，智商就严重降低，为了获得认同感，个体愿意抛弃是非，用智商去换取那份让人备感安全的归属感。"比如，一个非常优秀的人进入了一个平庸的环境中，他可能会为了合群而降低自己的标准以适应环境，减少自身与环境的冲突。过度追求合群，让人丧失了自我，让"优秀"变得"平庸"了。

人们刻意合群，往往是出于被孤立的恐惧和对自己的否定。真正内心充盈的人，不需要通过合群和别人的认可来证明自己。如果你和别人走的方向不一样，强迫自己与他人同行，只会让自己陷入内耗的圈子，加重自己的痛苦。

与其刻意地进入一个并不适合自己的圈子，不如聆听自己内心真实的声音，努力丰盈自我，去吸引与自己同频的人。

当我们放弃刻意合群时就会发现，我们身边长久相处的朋友，多数都是与自己同频共振的人。每个人身上都自带一种磁场，它会不断地向外界传递我们的个性、思维、喜好等，也会吸引与我们磁场相合的人。

频率相同者才会互相吸引，情感共振者才能彼此欣赏。只要做好你自己，只要能够保持好自己的状态，自然就会吸引到与你灵魂相似的人。

感受自由的风，

和温暖的阳光，

爱自己，

是一场永恒的浪漫之旅。

第五章

自渡：
做自己的
摆渡人

1. 去做自己想成为的那个人

生活中，我们常常能够听见亲人、朋友或社会上的各种声音，他们都在说着："你应该……"无论是生活方式还是职业选择，似乎总有人在教我们怎么做。

可是，正如电影《普罗米修斯》中的那句台词一样："人生是旷野，不是轨道。"人生从来没有所谓的标准答案，我们是要成为自己想成为的人，而不是成为自己"应该"成为的人。我们不需要向任何人证明、解释自己，最重要的是让行为始终忠于自己的内心。

我想，每个人的心中都有一个梦想中的世界，在那里，有着自己喜欢的生活，有着想陪伴的人，也有着想成为的自己。

很多人一边欣喜于这个理想化的世界，一边挫败于现实，甚至总是下意识地和自己说："那太难了，我不可能做到。"但人生偏偏充满可能，你口中的"不可能"才是最不可能的。

不要轻视自己的潜能和力量，当你相信自己能够实现心中的愿望，并愿意为之努力时，那么你就有很大的可能真的会实现自己的愿望。在心理学上，这种现象叫作"自我实现预言"，也就是皮格马利翁效应。

这一效应告诉我们，人们对某件事情的期望或信念，会通过影响人们的行为来使这种期望或信念成为现实。简单来说就是，你越是相信什么，就越会发生什么。所以，如果你真想如愿，这当然是可能的。

我们总说要见到想见的人很难，可事实上，它真的有那么难吗？真正阻止我们去见的，不是山高水远，而是自己患得患失又瞻前顾后的心。成为自己想成为的人，也没有我们想象的那么难，关键在于我们是否拥有跟随自己内心想法的决心和勇气。

只要我们的心是坚定的，是愿意努力和坚持的，当我们迈出第一步时，就已经走在了自己想走的那条路上。

电影《重塑人生》女主角玛雅在一家大型超市工作了 15 年，尽管她的工作能力很出色，但是由于她没有亮眼的学历背景，老板没有答应她参与进一个项目的请求，而是将机会给了另外一个能力平平但毕业于名校的人。玛雅为此迷茫、无助又气恼。有人为她伪造了一个毕业于名校的简历，这让她有机会进入一家大型护肤品公司面试。尽管她并不想用伪造的简历，但最后迫于无能上司的压迫还是决定去试一试，结果她面试成功，成了这家公司的研发顾问。

她十分珍惜这次机会，为了给公司创造更大的利益而不断努力，带领团队不分昼夜地研发，产品终于取得了成功。可是在介绍自己研发的产品时，玛雅却说出了自己伪造简历的真相，并离开了公司。之后，玛雅决定自己创业，把工作中曾经受到否定、打压的好想法运用到自己的创业项目中，最终实现了自己的职业抱负。

我非常喜欢并认可《重塑人生》里的一句台词："你醒来的每一天，都有了一次新的机会做你想做的事，成为你想成为的人，唯一能阻止你的，只有你自己。"

我们也许时常会想，是不得不完成的工作、不得不承担的责任，以及不得不顾及的亲人的意愿阻止了我们去做自己想做的事，去成为自己想成为的那个人。但是，不敢想、不敢做，与想了、做了，竭尽所能却未能如愿，还是有很大差别的。

有时候，我们并不是真的全然没有一点儿时间和精力去做出改变，只是将外界的诸多因素当作借口来安慰自己，不努力也没关系，反正那么多人阻止我，反正也没可能了。别人如何评判和干预我们的生活并不可怕，最可怕的是，我们自己模糊了心中的目标，放弃了对梦想的坚定，真的迷失在了他人的声音里。

只要忠于自己且足够坚定，无论我们处于何种境地，永远拥有重塑人生的机会。不必试图改变环境，也不必思考久远的未来，因为那并不是一个人力所能及的事，我们能决定的只有现在的自己。

停止无意义的内耗和消极悲观的态度，只管去做、只管向前，行动向来最能治愈焦虑和不安。哪怕你还未能真正成为自己想成为的那个人，至少你在向着自己的向往靠近。

人生没有"应该"的规矩，没有"截止"的时间，去成为你想成为的那个人，永远都可以，永远都不晚。

2. 原生家庭只是生命旅程的起点

有人说："幸运的人用童年治愈一生，不幸的人用一生治愈童年。"一个充满爱与温情的原生家庭，是一个人未来生活中幸福的源泉之一；一个充满冷漠与冲突的原生家庭，却可能是一个人未来回忆里的寒冰，哪怕后来寒冰化了，也会留下透着冷气的潮湿，漫长地伴随着我们。

我有一个同事叫云云，她的工作能力明明很强，却总是对自己不太自信。所有人都觉得她可以独立完成的工作，她仍然认为自己做不到，做完后也要向别人确认无数遍自己做得对不对。

后来，她告诉我，她的父母是典型的"打压式教育"。从小到大，她从没有收到过父母的肯定，无论她做得有多好，似乎在父母眼里自己总是自带瑕疵。尽管现在不再期待得到父母的肯定了，却仍然下意识地怀疑自己。

所有人都不能否认的是，原生家庭对自己的影响是不可忽视的。原生家庭是我们生命起始时被赋予的第一个环境，家庭里的关系模式教我们学会如何与他人相处，情感交流的方式教会了我们爱与被爱……

在原生家庭里，我们塑造着自己的人生观、价值观和性格特点，无论是家庭中的尊重、理解和包容，还是冷漠、暴力和忽视，都会给我们的成长留下深刻的烙印。我们在成年后的言行举止，很大程度上是在原生家庭中生活时，获得的经验和养成的习惯的投射。

在某个网络平台上，有一个专门用来抱怨原生家庭的小组。小组中的一些人认为自己一生遇到的所有难关都与原生家庭有关，认为原生家庭给自己带来的生活和心理负担，终其一生都难以摆脱。比如，自己是讨好型人格，是因为没有得到足够的爱；缺乏主见是因为父母过强的控制欲；贪小便宜是因为家人经常斤斤计较等。

他们将自己人生面临的所有问题都归咎于原生家庭的影响，这也许正是心理学上所说的"自我服务偏差"现象。自我服务偏差是指，人们通常习惯将自己的成功向内归因，比如自己的能力和努力，而将自己的失败向外归因，比如环境和运气，这是一种归因偏见。

原生家庭对我们的影响固然很大，但那并不是决定性的。原生家庭影响的是我们的过去，过去塑造了现在，但是不牵扯未来。

我们不能改变原生家庭的选择，也不能更改已经经历的过去，但是我们可以改变自己面对过去经历的看法。不同看法会拥有不同的可能性。我们要始终相信自己，拥有挣脱原生家庭的桎梏和改变命运的力量。

有一个故事是这样的：一个脾气暴躁、嗜酒如命的父亲有两个儿子，一个儿子长大后因喝酒打人犯了罪，一个儿子长大后却成了法官。有人问犯了罪的儿子："你为什么会犯罪？"这个儿子说："因为我的父亲就是如此，我都是受他影响的。"

又有人问成为法官的儿子："你为什么会成为一个法官？"这个儿子说："因为我的父亲脾气暴躁又嗜酒如命，而我终其一生，就是为了不会成为像他那样的人。"

一个人的一生怎么过，终究还是掌握在自己手里，是由自己而不是旁人决定的。阿德勒认为，人的一切烦恼都来自人际关系，为此他提出了一个"课题分离"的原则。他指出，任何事情都可以被区分为"自己的课题"和"别人的课题"，别人的课题是我们无法左右的，所以我们不应该被他人所扰，而是应该只专注于自己应该负责的事情。

在原生家庭的问题上，课题分离的本质就在于分清楚"父母的事情"和"自己的事情"。父母之间的冲突和他们面临的辛苦，更多的是由于他们彼此之间的沟通产生了障碍或各种选择造成的，这实际上是他们自己的问题，也是他们自己应该承担的责任，与你没有必然的联系。

3. 接纳内心的紧张和不安

回想我的生活，有太多紧张和不安的时刻，站上演讲台时、等待某个结果时，或是面对棘手的问题时……那种紧张和不安常常让我心跳加速、呼吸急促、心神不宁又坐立难安。

大概很多人都有过被紧张和不安充斥的时刻，然后看着别人在相似情况下的从容不迫，不免觉得疑惑：为什么只有我差点在紧张中犯错呢？

我们之所以会深陷于紧张与不安之中，往往是缘于内心深处的自我怀疑以及对周围环境稳定性的过度敏感。

如果我们曾有过稍有差错便会受到父母异常强烈的指责的经历，那么这就在无形中塑造了我们对周遭环境稳定性的高度渴求和对情况失控的深刻恐惧。我们也会因此，对生活中的任何一个微小的变化都产生强烈的不适感，这种不适感也带来了紧张和不安。

同样的，当我们曾收到过与自己的努力不相称的回馈时，我们会在面对新的情况时下意识地怀疑自己的能力，从而让自己被一种"糟了，我搞不定"的恐惧所占据，影响自己的判断和决策。

归根究底，其实是因为我们将自己客体化了，也就是心理学上所

过往如耳旁轻风，

如浮生大梦，

随时间滚滚向前，

再也不要回头看。

说的"自我客体化"概念，意味着我们将自己率先当作了可以让他人观察和评判的对象，而不是一个主动的、有自我意识的、能够自我控制的主体。这时，我们过于关注外界的声音，反而忽视了自己内心的感受。

我们要明白，在自己的世界里，我们才是唯一能够主宰一切的主体，而非他人。而且，那些让我们感到不安的事情，其本质往往并非表面所见的那样，那些看似潜藏着可怕后果的事情，结果却可能是平静而安然的度过。

当我们仔细回想就会发现，有那么多紧张和不安的时刻都过去了，那么多难以承受的事情也都得到了解决。从人生的时间轴上看去，再令人不安的事情似乎都显得微不足道了。

当我们意识到自己的内心紧张不安时，不要试图逃避或压抑这种感受，相反，试着去面对和接纳它们。

接纳情绪，才能释放情绪。在紧张与不安时，去找寻一个轻松的呼吸节奏，让紧张的心绪随着呼吸的起伏恢复平静，然后用更加客观和冷静的心态，重新去审视眼前的问题。

一旦你接纳了自己的情绪，你解决问题的效率反而会变得更高，那些令人不安的难题也就迎刃而解了。

也许有的人会说："可是接纳好难啊，再怎么努力也做不到怎么办？"接纳最忌讳的大概就是努力了，就像一个人告诉你"不要想蓝色"，而你的脑海中却会立刻出现蓝色一样，你越是努力让自己接纳，反而越是在与接纳对抗。

这时候，就不要强迫自己了，放下内心对于接纳的预设，顺其自然地行事就好。

小光是一名实习医生，医院举办了一个案例分析会，他被组长要求独自进行一个病人的案例分析。刚知道这个消息时，小光感到非常紧张，因为这是他第一次在全院面前做讲解，既害怕自己的内容做得不好，又害怕自己当天讲得不好，整个人焦虑极了。但是时间有限，他只能利用一切时间来进行这项工作。

后来，有同期的同事询问他的进度，并说自己非常焦虑，问他："你不紧张吗，怎么就我紧张成这样啊？"小光说："我当然紧张了，第一天我特别焦虑。"同事："那你还能做这么快？"小光："紧张是正常的，但事情也要做啊，没时间了。一直忙着，感觉好像就没那么紧张了。"

遇见什么事，别管接纳与不接纳，你只管去做眼前的事情。不一定要做万全的准备，只要有前进的方向即可，否则，若等一切准备万全，可能会错过很多机会。当你将注意力全然放在实际行动上时，自然也完成了接纳的过程。

在面对一些事情时，为了消除自己的紧张和不安，你可以试着培养自己的底线思维。底线思维是思维技巧的一种，拥有底线思维的人会在事前认真评估风险，想象可能出现的最糟糕的情况，并且接受这种情况。

不要害怕自己拥有紧张与不安的情绪，你要知道，任何情绪的产生都是自然且正常的。如果情绪汹涌而来，不妨给自己一点儿调整的时间，深呼吸一下，然后告诉自己："有一点儿紧张是正常的，我就紧张一会儿，几分钟就好。"

你内心的紧张与不安，会在自我接纳中逐渐平息。

4. 坚持自己的节奏和方向

看到别人买房买车，就觉得追求物质财富才是正确的；看到有人创业成功，又会想也许创业才是应该被追求的；看到有人考公考编，也点点头，认为这样的选择也不错……

有那么一段时间，我就处在这样左顾右盼的状态里，就好像自己站在了一个四通八达的路口，每一个方向都有惹眼的人烟，而我惶惶然不知道自己究竟该怎么走、走向哪，以至于一步都踏不出去。

有很多人在社会上工作了很多年，却仍没有看到有效的发展，不是因为他们自身的能力不足，而是因为他们没有给自己确定好清晰的阶段性目标和努力的方向，所以导致他们在每一个阶段，都在无形中浪费着自己的时间和资源。

没有方向就意味着无法专注，你见谁都好，看什么都想做，最终也只能是什么都做不好。我们不能一味地让自己的心处在混乱的秩序里，要将分散给外界的目光转移到自己的身上来，去在意自己的感受和需求，安心过好每一个当下，让心神聚合，逐渐寻找到自己的节奏和步调。

当你真的去了解、认可自己后，你就会发现，一个人如果对自己有所把握，也明确自身的价值，他根本不会在乎外界的评价，更不会因为别人的质疑而怀疑或急于证明自己。

没有人比你更了解你自己，如果你相信自己有能力解决某个问题或完成某件事情，那么你应该一直相信自己的实力，哪怕有人出声质疑。不要进行无意义的证明，那样只会让自己深陷于自证陷阱里，不如抛开无谓的争论，专注于自己的事情。

在沃尔特·惠特曼五岁那年，全家一起搬到了纽约布鲁克林区，并在那里上小学。可是由于家庭贫困，他只上了几年学就辍学到了一家印刷厂做学徒。尽管工作辛苦，但这并不能阻止他对诗歌的热爱。后来，他自费出版了自己的第一本诗集。

然而，他的这本诗集并没有获得大众的赏识，他的家人看都不看就将它扔在一边，学者和评论家给予了他无数嘲讽的声音，这让他备受打击。正在他失意的时刻，当时的美国诗人爱默生却给了他极高的赞扬，爱默生说："我一直企盼着一名新的美国诗人，现在我找到了。"这让惠特曼重拾了创作和出版的希望。

后来，惠特曼更加安然且坚定地创作属于自己的诗歌，并逐渐为人所知。他的创作之路正如他自己所写的那样："我按自己的方式生存，这足够了，即使世上没人理解我，我安然而坐；即使世上没人不理解我，我安然而坐。"

一个有着坚定目标和信念的人，前方的道路是清晰明了的，他不会将自己的注意力全然放在他人的声音里，不会纠结于世俗的名利，更不会让自己在繁杂的信息中随波逐流，那样只会与自己想要的事物偏离。

越想要成功的人，越要坚持自己的节奏和方向，尽力去屏蔽掉外界的流言蜚语，然后坚定地走在通往目标的路上，坚定地走属于自己的路。

这世上，真正能够为自己的人生负责的人，只有自己，外界的声音只能是一种建议和参考，我们可以斟酌，但不能依赖。

有人说："比起随波逐流，我更想以自己的节奏度过一天。"用自己的节奏生活，别模仿别人，也别和别人比较什么。我们生来与众不同，每个人该走的路都不一样，不要因为无关的他人而扰乱了自己的节奏。

别人有别人的成就，你有你自己的努力；别人少年得志，你也可以大器晚成。人生不是一场比赛，人与人之间的经历、目标和节奏也有所不同，但是绝对没有成败之分。只要你找到了自己想走的方向，那就坚信这个方向是最正确的，然后保持自己的节拍，坚持走下去。

或许坚持很难，但生活总是公平的，付出的终会得到。你要相信，最好的事情总会在不经意间发生，你只管专注于自己的节奏，然后将信任交付于时间。

有人说："人生就好像老城一样，从东头到西头，一路巷弄很多，迂回很多，过程很多。一路走来，经历很多，收获也很多。"

那些看似微不足道的努力，总会在日积月累后的某一刻让你见证坚持的意义，然后带给你不期而遇的惊喜。

世间多苦，

唯有自渡，

一切终有回甘。

5. 活出边界，活出自我

好的交往需要边界感，我们在生活中遇到的多数痛苦的社交经历，都与缺乏边界感有关。

不知道从什么时候起，我既期待回家又有点害怕回家，期待自然是想念父母的缘故，害怕的则是面对父母的催婚，以及一众亲戚对我私人生活的各种打听。

他们问我工作、薪资、朋友、感情等问题，还热衷于对我的生活进行指示，告诉我应该怎么做又不能怎么做，尽管我的生活与他们并无关系。他们借着关怀的名义，我若不回答似乎就是拂了长辈的面子，但是有些问题涉及隐私，我又实在难以回答。偶尔，父母看我不答话还会替我答两句。有时候，光是想象到那样毫无边界感的社交场景，我就已经开始感到窒息了。

边界感就是我们常说的底线或分寸，它像是一把无形的尺子，衡量着我们在人际交往中的言行。慎重对待这把尺子，是对他人和自我的一种尊重。

心理学中有一个概念叫作"心理边界"，它指的是，一个人在心理层面上所设定的一种区分内部世界和外部世界的界限，也可以说是用于区分自我与他人的界限。

心理边界模糊的人总想要控制身边人的生活；面对他人的不合理要求也很难说出拒绝的话；有时候还会存在极强的"助人"情节……这不仅会给自己造成痛苦，也会使双方的关系进入混乱的状态中，于人于己都不利。

心理边界的存在，会帮助我们实现自我独立，让我们拥有一个能够保持内心舒适的心理范围。当然，这并不意味着我们要选择孤独，只是给予自己一个保护隐私的空间，不让他人来侵害自己的同时，也尊重别人拥有自己的空间。

有心理学家说，当你产生了不舒服或愤恨不满的感受时，那就说明别人打破了你的边界。不舒服的感受很好理解，所谓的"愤恨不满"一般产生于"别人利用了你""对方不顾你感受一味地给你灌输他的期望"等场景中。

你可以给自己的这两种感受赋个值，比如从 1~10，如果这种感受超过了 6，那么就说明你当下所处的关系可能出现了某些问题，这时就需要你自己做出判断了。

心理学家詹塔认为，我们出现边界模糊的原因是"害怕，罪恶感和自我怀疑"。我们不敢拒绝他人无理的要求，一是因为太在意别人对自己的看法，从而不敢看到对方被我们拒绝后的反应，害怕会因此失去别人对自己的认可；二是拒绝他人会让自己没来由地产生某种负罪感，尤其是在面对亲人和朋友时，为了维护自己在他们面前的形象，就默默地将内心的不满都忍了下来。这样，只会让别人不断地试探我们的底线，而我们自己则将底线一降再降，逐渐失去自己的原则和边界，让自己挣扎在痛苦的关系中。

　　悠悠有一个好朋友叫昭昭，昭昭经常与悠悠分享自己的事情，不过多数都是负面的。悠悠会共情她的痛苦，心情也经常因对方的讲述而由晴转阴，难受不已。悠悠会认真地给昭昭提出一些解决问题的方法和建议，尽管知道昭昭可能会不喜欢一些建议，但为了她好还是说了。

　　后来，悠悠发现昭昭和自己说了很多遍类似的事情，昭昭的解决方法还是按她自己的来，完全没有听自己的建议。悠悠意识到，对方只是想在自己这里发泄情绪而已，并不是真正想让自己帮忙解决什么问题。悠悠想："也是，那是她的事情，当然得按她的想法来，谁的事情谁负责，我管那么多做什么？"

　　慢慢的，悠悠的倾听变得敷衍，不再让自己沉浸于昭昭的经历中，也不再和昭昭说那么多建议，只听她发发情绪就结束了。她们的关系反而变得更加亲近起来。

　　边界就是自己管好自己的事情，少去干涉别人的事情。我们可以适当共情别人，但是要从原则上分清楚"别人"的和"自己"的，不能模糊彼此的边界，将对方和自己的感受粘连在一起。

　　一旦你感受到了边界被入侵的难过，可以坚定地向别人表明自己的底线和界限。毕竟，设定自己生活中的"允许"和"不允许"，这是我们的权利。

第六章

自愈：
恢复内心的
平静和力量

1. 允许一切发生，接受自己的不完美

"完了，我犯错了，我太蠢了，彻底完了。"

"要做就一定要做到最好，我不相信我这么笨，连这件事都完不成。"

"我脸上怎么这么多痘，身上怎么这么多肉，简直丑得难以见人。"

……

我们好像总能在生活中听见这样的声音，有时候自己也是发出声音的一员。很多人都有一点儿完美主义的倾向，希望自己是无所不能且毫无瑕疵的，一旦发现自己身上存在着缺点或发现有些事情自己做不到完美，他们就会自我攻击或者攻击别人。

这世界上哪里有完美的人呢，有缺点、会犯错、有做不到的事情……，这不才是普通人最真实的写照吗？

一个人能力再强也有无可奈何的时候，如果我们总盯着自己的错处、短处、无可奈何之处，除了白白消耗自己的能量和加大对自我的怀疑外，大概没有什么特别的价值了。

放下心里对自己不完美的执念，我们更能将自己的优势发挥出来。

莫言曾说："一个人，真正的强大不是对抗，而是允许发生。允许

遗憾，愚蠢，丑恶，虚伪，允许付出没有回报。当你允许这一切之后，你会逐渐变成一个柔软、放松、舒展的人，也就是一个无比强大的人。"

人并不是因为完美的品质而强大，而是在接受了自己的不完美之后，内心仍然坚强而强大。

不能如愿地完美，不如选择释然地接受，何必为难自己。当你在生活里尽力而为并坦然面对时，你会发现，原来世界依然美好，原来还有那么多人爱你。

别担心因为自己的不完美而不被爱，也许恰恰是不完美才会更加被爱。

在心理学上有一个"出丑效应"，也叫"犯错误效应"，它的意思是，没有才能的人固然不会被人喜欢，但是毫无缺点的人也不会让人喜欢，最让人喜欢的是有才能但又有缺点的人。

"出丑效应"源于心理学家艾略特·阿伦森的一个实验：他将四个情节类似的录像带放给测试者看。第一段录像播放的是一个看似完美的人，他侃侃而谈，全程没有出现任何失误；第二段录像播放的人也非常优秀，但是他表现得不如第一个人自信，有点害羞，甚至还不小心打翻了咖啡，弄湿了主持人的裤子；第三段录像播放的是一个很普通的人，他看起来并不紧张但也没有足够亮眼的表现；第四段录像播放的也是一个普通人，但他表现得紧张极了，同样碰倒了咖啡，弄湿了主持人的裤子。

阿伦森让看完录像的测试者选出最讨厌的人，结果显示，几乎所有人都选择了第四段录像中出现的人。他又让测试者选出最喜欢的人，结果显示，有超过九成的人都选择了第二段录像中出现的人。

有人说："相信上天的旨意，发生在这世界上的事情没有一样是出于偶然，终有一天这一切都会有一个解释。"要相信，一切都是恰到好处的礼物，包括自己的不完美。

我们要允许自己偶尔的情绪失控，允许自己有虚度的时光，允许自己出现错误，允许自己放慢脚步，允许自己只是自己。要允许一切发生，接纳并体验喜欢与不喜欢的一切，毕竟就算我们再怎么不喜欢过去的日子，它也不会再来了。

与其追求完美主义，不如试着去追求最优主义。有心理学家说："摆脱完美主义的最好方法是在生活中更多地追求最优主义。"最优主义指的是，坦然接受事物存在的缺陷和完成目标过程中的失败的可能性，然后在此基础之上去寻找一条迂回的路线到达目的地。

最优主义者承认生活中的事物存在瑕疵的合理性和必然性，他们不会被失败和犯错的恐惧吓到，也因此更有机会真正达成目标。

摆脱对完美主义的追求，拥抱当下的现实，做"自我接纳"而不是"自我肯定"的人，或许我们能够收获得更多、成长得更快。

根据心理学家阿德勒所说，这二者存在着本质的区别，自我肯定是指明明自己做不到却偏偏告诉自己"我可以做到"，这在一定程度上是一种自我欺骗；自我接纳则是，如果自己做不到，那就坦然地接受做不到的自己，然后在接受的基础上去思考自己能够做到的事情，并向着这个方向努力。

自我接纳是对自我的诚实，能够让自己一直处在进步和成长的状态之中。我们要爱的，正是这个不完美但是一直在进步、一直在成长的自己。哪怕进步只有一点点，也同样值得自我的感激。

2. 与负面情绪相处，与自己和解

遇上一些难过的事，或陷入一些负面的情绪，我们习惯性地希望自己"尽快走出来"，却很少有人会对自己说："你可以难过一会儿。"负面情绪也是情绪的一种，学会和它相处，也就是在和我们自己和解。

有一次参加朋友父亲的葬礼，在葬礼上，我看见很多人都会对朋友和他妈妈说上一句"你们要坚强，要振作""别难过了"。

听得多了，我不知道朋友是什么样的感受，我只觉得自己的心中难过又有点儿气愤。尽管知道大家都是出于安慰的目的，可是也忍不住想："亲人的离世，哪那么容易不难过呢？为什么伤心的人不可以暂时不用坚强呢？"

情绪，是一种无形的巨大能量，影响着我们的生活。好的情绪能够让我们充满活力，坏的情绪会使我们陷入低谷。因此，我们常常追求着，能够让自己保持好情绪的状态，而一旦陷入负面情绪，就迫不及待地从中挣脱出来，似乎多陷入一刻就凸显了自己的软弱。

情绪是生命体验的一部分，无论是何种情绪，它们本身并没有任何问题，存在问题的是我们应对情绪的方式。

有一句广为流传的话——"男儿有泪不轻弹"，这句话被看作是一种坚强的忍耐，但实际上，哭与软弱并没有等同的关系，与坚强并非对立的两面，只不过我们的激烈情绪需要一个尽情释放的方式而已，且不分男女。

有研究发现，眼泪有三种类型：基础眼泪、反射性流泪、情绪化眼泪。我们因为情绪的变化而产生的眼泪就属于第三种，它与前两种眼泪所含的物质不同，因此有专家认为，人在悲伤时不哭有害健康。

心理学家阿尔黛·索尔特博士说："哭泣是机体在进行重新构建时所做的努力，它是进行自愈的一个程序。"也有研究表明，人在哭泣后，负面情绪会得到有效降低。所以，当负面情绪出现时，不要强制忍耐和压抑自己。过度克制悲伤和苦闷，就像掩耳盗铃，只是欺骗自己罢了，危机并没有得到实际的解决。

负面情绪很难通过自我压制而得到消除，它们会在不知不觉中被堆积，直到超出我们的承受范围，使我们陷入更痛苦的境地之中。

在遇到不开心的事情时，我们不能肆意宣泄情绪，或陷于与情绪的对抗之中，否则，只会让自己失去冷静，从而让事情变得更糟糕。

情绪不是我们的敌人，它们是我们内在世界的信息源。这告诉我们，情绪实际上是对我们的一种提醒，提醒我们在内心深处正担忧或在意着某件事情。很多时候，情绪的产生并非源于一个真实的困境，而是我们内心想象所创造的阴影。

心理学研究发现，我们所担心的事情，大部分都不会发生，而发生的那部分，又有大部分的结果比自己预想的要好得多。

当我们感受到情绪的波动时，我们真正要关注的是自我情绪的觉

不迎合，不讨好，

偶尔三五成群，

但绝不迷恋群居的热闹，

耐得住寂寞和孤独。

察和掌握。我们可以试着去想一想，产生的情绪是什么？情绪的背后又隐藏着自己怎样的需求？

当我们对自己的情绪有所了解时，我们就可以更好地应对它们，而不是被它们所控制。

小诗与老公坐在餐厅吃饭，她抬头看见老公拿着手机与同事聊天，一下子就生起气来，和老公说话也开始阴阳怪气。老公不明所以，问小诗怎么了，小诗也说不清楚，于是他也开始生气，这顿饭吃得不欢而散。

回去的路上，小诗反思自己怎么了。她知道老公与同事聊的是工作上的事情，还有点儿急。自己有时候也会这样，一切都很正常，但她就是感到有点儿不开心。想了一路，小诗才想明白，自己不开心是因为"感到被忽视"了。意识到原因后，她有些惭愧，因为有时候自己也会"忽视"对方，实在没有必要生气，于是她慢慢地将情绪调节好了。

在相似的情绪状态中，能够精准地感知并陈述自己的情绪，是一项很重要的能力。这项能力被神经科学家丽萨·费尔德曼·巴雷特称为"情绪粒度"，简单来说就是，一个人能够辨别和表达自己情绪的能力，比如"担忧"的情绪，还可以更准确地分为"提心吊胆"与"心事重重"等不同程度，或是"因恐惧而担忧"与"因关心而担忧"等区别。

研究表明，情绪粒度越高的人，其调节情绪的灵活度就越高，也就能够更好地与自己的情绪相处。

3. 追寻内心的满足与成长

我们似乎时常陷入一种悖论，几乎每个追求物质的人都说自己是为了过更好的生活。可是，放眼望去，有很多人已经在追求物质的过程中失去了自己的生活。

前段时间，我和朋友一起看了一个旅行类的综艺节目。讲述的恰好是我们没有去过的川西，透过屏幕我们看到了雪山、牧场和奔跑的牦牛，天空与阳光极美，光是看着画面都能让人想象坐在草地上的舒适感。屏幕里出现了"日照金山"的画面，我在感叹美景的时候，朋友突然说了句："人生就是为了几个这样的时刻呀，要是让我天天都工作、赚钱的话，生活也太没意思了。"

生活离不开金钱，但赚钱不是生活的目的，金钱只是为了让我们拥有能够满足自己内心欲望的自由。但是，如果欲望过盛，尤其是当我们的能力匹配不上野心时，就会焦灼、烦躁，甚至在追逐欲望的路途中迷失自我。

111

　　网上有一个新闻，有一个叫小竹的女孩离开家乡到大城市打工，她经常在社交媒体上晒出自己的奢侈生活，吸引了很多人的关注。在大家纷纷对她的生活表示美慕和赞赏时，背后令人吃惊的真相被曝光了。原来，小竹每月的工资只有三千多元，为了追求奢侈的生活，她多方面进行借贷，现在已经因此欠下了巨额债务，经济情况窘迫。

　　节制是顶级的自律，我们需要懂得克制自己的欲望，才能前行得更远。如果我们不懂克制，一路上无论想要与不想要的都拿上一点儿，等我们遇见了自己真正想要的东西时，反倒是拿不下了。

　　克制随波逐流的欲望，不是为了限制什么，是为了让自己拥有更大的自由，而做出的暂时让步。毕竟，物质财富固然重要，但是仅有物质并不能满足我们内心深处的需要，只有内心富足者，才是真的富有。我们人生真正重要的一件事情是，追寻内心的满足与成长。

　　心理学家弗洛伊德曾提出过一个"快乐原则"，我们生来就有追求快乐的本能，而追求快乐的欲望会影响我们的某些决策或行为。对快乐的追求通常分为两种，一种是短暂的快感，一种是持久的满足感。短暂的快感过后会给人带来巨大的空虚与不满，持久的满足感才会给我们带来内心深处的快乐。

　　我们要重新审视并了解自己内心真正的需求与欲望，而不是被短暂的欢愉蒙蔽。

　　内心真正的满足来源于我们对自己生活的认可和喜爱。当我们热爱生活时，我们会去感受和珍惜生活中一切美好的事物，我们也会发现，原来生活中有那么多可以让自己感到快乐与幸福的时刻。比如，从事着自己喜欢的工作、见到了想见的朋友、看到了想看的风景等。

简单的快乐存在于平凡的生活里，那种从心底深处透出的满足感与幸福感，大概就是生活所追寻的意义。越是关注自己的幸福和意义的人，也就越能够体会到生活里的美好。

有心理学家为此提出了一个概念，与一个人生活里的主观幸福感和个人价值的实现有关，即"内心丰盈"。内心丰盈指的是，一个人的内心充实、满足，拥有着强大的内心、丰富的情感和自我的想法与主见，不会轻易被外界所扰。

有人说："一个人最好的生活状态，就是安静而丰盛。"当我们将生命的重心放在自己身上时，外界繁杂的喧嚣会从耳边远走，留下的都是值得的、有价值的声音。只有内心匮乏的人才需要寻找外界的刺激来填补自己空洞的心。内心丰盈者，会放下外在的负担，做自己喜欢和喜爱的事情，哪怕独行，也能行得丰富而多彩。

正如三毛在《撒哈拉的故事》中写的那样："内心丰盈者，独行也如众。"

我们可以是不完美的，但是要始终保持前行的动力和向上的生命力，决不能停止成长。我们不断地向前走，奔跑在名为人间的路上，看更多的人、见更多的事、赏更多的风景，为的就是拓宽生命的边界，保有精神的高度自由，让自己不会沉沦于物欲而失去成长的能量。

希望我们有热爱，内心够坚定，行为都是基于爱与诚实，有一天，我们想要的都会到来。

什么是生活？

只有自己高兴了，

才是生活。

4. 摆脱旧的思维习惯，尝试新事物

不知道你有没有遇见过这样的人，他们在面对一些问题时，似乎总是在用同样的思维习惯进行思考，整个人都固执地陷在自己的认知里。

我曾经遇见过一个公司管理者，每当工作出现一点问题，他就会认为是人的原因。所以，工作进展不顺利换人、业务做得不成熟换人、产品销量下降还是换人……在他的认知里，好像只剩下了"换人"这一种解决问题的方法。

但实际上，有些问题的出现与人并没有多大的关系，还可能是整体的方向、组织和决策出现了问题，只有对症分析、对症解决才是最有效的。否则，只是多做无用功而已。

就像有人说的那样："我们所有的认识，都是一种盲人摸象，我们只能看到局部，但很难看到整体。"一个人的认知和思维往往会受到过往经历的影响，而带着局限性。如果不能进行思维破局和认知提升，那么生活只会渐渐陷入僵局。

我们过往的生活经验构成了我们现在的评判标准，让我们面对事物时会产生一个下意识的判断。这种所谓的"下意识的判断"可以理解为一种惯性思维，也叫思维定式。在心理学上，它指的就是，人在解决问题的时候，总会依赖以往形成的经验和习惯，使用相对固定的思路去分析和解决问题。

在某种情景特定的情况下，思维定式能够让我们用已经掌握的方法迅速解决问题，对提升效率有着良好的作用。但是，当我们面对新问题时，思维定式会影响我们思维的创新性和灵活性，使我们解决问题的方法变得单一和刻板。有时候，消极的思维定式还会让我们在面对一些困难和挑战时，处于回避和消极的状态里，在事情开始之前，就不断地对自己产生怀疑和否定。比如，面对竞争升职，满脑子都是"这件事好难啊，我不行"。这源于自己对变化、犯错和新状态的害怕，以至于还没开始，努力的火苗就被自己的惯性思维掐灭了。

世界的变化是不会停滞的，任何事物也不仅仅只有单一的一面，只凭过去有限的认知看待眼下的事物，是对自己的限制和束缚。

在心理学上有一个"跳蚤效应"，这源于一个有趣的生物实验：生物学家将跳蚤放进了一个玻璃杯中，第一次，跳蚤很轻易就跳出来了。后来，生物学家又将跳蚤放在了一个有盖子的杯子中，跳蚤前前后后试了很多次才找到一个不会撞到盖子的高度。之后，哪怕盖子被取下来了，跳蚤也再没有跳出过杯子。

跳蚤效应告诉我们，有时候我们之所以难以达到目标，并不是因为没有能力，而是习惯了现状且抗拒新的变化，哪怕外界没有了约束，可我们自己却把自己限制住了。

有人说："所有困难的问题，答案都在更高的层次，你必须提升心智、认知、层次、思维，才能解决问题。"

旧的思维习惯不适合面对新的世界，当我们摆脱原有的思维习惯，去学习用新的思维方式思考时，很多困难的事情就迎刃而解了。

野格酒刚刚被引入美国的时候并不畅销，其口感和品质还受到很多媒体的强烈批评。按照以往的做法，引入野格酒的公司本打算立刻出面回应，以挽回声誉，但当时公司的一个实习生却提议，暂时不回应媒体，反而要将受到批评的报道宣扬出去。

公司里有很多人都对他的这一反常规的提议表示了谴责，而营销专员西德尼·弗兰克却没有根据以往的经验就否定他，只问他这么做的原因是什么。实习生说，很多学校的大学生都存在逆反心理，越是权威媒体表明的立场，他们越喜欢对着干。西德尼·弗兰克听后觉得很有道理，于是将媒体的批评大肆宣扬出去。结果，野格酒的销量开始一路上升，逐渐被年轻人所喜爱。

不要害怕会因为变化而出错，有心理学家说："人生本就是一个巨大的试错场，我们的容错空间远比想象的大。"人生中出现错误的时刻，其实远比获得成功的时刻要多得多，正是那些错误的不断出现，才让我们明白什么才是正确的、什么才是最适合自己的。

勇敢在尝试中试错，是获得成功的必要方式，你不必为此焦虑。错了就拐个弯，换个角度思考问题，或许错误也是发现解决方案的契机。

5. 沉浸式做自己：一边自愈，一边前行

　　大概每个人都有这样的时刻吧，无论心中装了多么复杂而沉重的事情，面上仍然习惯于扮演好自己的每一个角色，无论是父母、儿女还是员工，将轻松与从容的一面展示给别人看，却在无人看见的时刻，默不作声地崩溃着。

　　我是一个很容易流泪的人，也从不想克制自己因为难过、委屈等负面情绪而产生的眼泪。但不知道从什么时候起，我发现，想流泪的时候竟然连一个合适的地方都很难找到。

　　在陌生人面前哭，不好意思；在亲近的人面前哭，不愿也不想。甚至两相比较，我宁愿看见自己脆弱的人是前者，至少无人追问我原因。因为有些事情，哪怕是最亲近的人也很难理解自己的感受，有些话除了自己好像也无人可听，只有在深夜能讲给自己的心，然后在自我消化后回归平静。

　　生活不会事事都让我们如愿以偿，每个人都会经历痛苦和失意的时刻。不要害怕也不要逃避，生命的脆弱是正常且被允许的，你可以允

许自己脆弱，也接受自己偶尔崩溃的时刻，这并不代表软弱。相反，能够直面和接纳脆弱的自己，是另外一种强大的表现。

莫泊桑曾在《一生》中写道："人的脆弱和坚强都超乎自己的想象，有时，我们可能脆弱得一句话就泪流满面；有时，也发现自己咬着牙走了很长的路。"

脆弱与坚强并不完全冲突，我们一面因脆弱而崩溃堕落，一面因为坚强而拼命自愈。人生的风雨很多，穿过一段风雨就是一场胜利。

苦难并不值得歌颂，但是我们要歌颂那个在苦难中坚持下来的自己。要相信，能够自我治愈的人都是强大的人，我们就是自己的英雄。

生活有太多的意外和来不及，每个人都带着过往的伤疤跌跌撞撞地向前，有遗憾更是难免。总有些事情无法改变，如果沉浸在不可更改的遗憾里，那么我们所期待的生活也会离自己越来越远。

我们唯一能做的就是，珍惜当下的每时每刻，不辜负时光也不辜负自己，然后步履不停地往前行，也许会在某一刻拥有不期而遇的美好。

筱筱生病住院了，躺在病床上的这些日子，她经常回顾自己过往犯下的错误，越想越觉得自己是一个失败的人，整日非常痛苦。同屋的病友小茹看见她没有精神的样子，询问她原因。她告诉对方，自己没有良好的社交圈子，不能融入周围邻居的相处中去；也没能好好照顾孩子，以至于孩子与自己的关系冷漠；还没能拥有自己的事业，尽管她非常喜欢画画……

小茹告诉她，她完全可以重新拿起画笔，主动与邻居交往，想孩子的时候主动与孩子联系，这些都不是不能解决的事情。筱筱仔细思考了一下小茹的话，决定按照她的建议试试看。她重拾画笔，也开始与邻居交往，还给自己的孩子发了信息。

在她不怎么抱有改变的希望时，出乎意料的，她的作品得到了称赞；邻居们的社交圈也接受了她的到来；孩子也回复了自己的信息，开始与自己频繁联系，一切都在变好。她意识到，过去的确很糟糕，但是只要愿意去做出改变，就很可能让现在变好，而自己的现在的确很好。

生命并不是时时刻刻都是完美的，过去的错误、痛苦也不会消失，但这并不影响生命整体的丰盈与精彩。与其深陷于过往的痛苦，不如坦然地与过往告别，然后带着释然迈向新的旅程。

我们的生命终究只能自己为自己负责，就像你的身体受到了创伤，无论外界再怎么给予帮助，最后能够让伤口愈合的都只是自己的身体而已。

有一种叫作"马尾松"的植物，平时它的树皮呈现出红褐色的光泽，枝干光滑且没有异物。但是一旦马尾松的枝条被砍断，它的创口处就会分泌出富含油脂的汁液来包裹伤口，以阻止异物的入侵，并促使伤口快速愈合。

这世上最强大的力量，是自我治愈的力量；最强大的人，是自我治愈的人。要相信，没有走不出的困境，没有愈合不了的伤口，也没有抵达不了的彼岸。

一边自愈，一边前行，回头看，你已经走过了很远的路。